智读汇

连接更多书与书，书与人，人与人。

销售战神

业绩倍增的销售实战心法

娄强 著

中华工商联合出版社

图书在版编目（CIP）数据

销售战神：业绩倍增的销售实战心法 / 娄强编著．—北京：中华工商联合出版社，2020.11
ISBN 978-7-5158-2913-5

Ⅰ.①销… Ⅱ.①娄… Ⅲ.①销售—方法 Ⅳ.① F713.3

中国版本图书馆CIP数据核字（2020）第203372号

销售战神：业绩倍增的销售实战心法

作　　者：	娄　强
出 品 人：	李　梁
责任编辑：	付德华　关山美
装帧设计：	王桂花　洪玲萍
责任审读：	于建廷
责任印制：	迈致红
出版发行：	中华工商联合出版社有限责任公司
印　　刷：	北京毅峰迅捷印刷有限公司
版　　次：	2021年1月第1版
印　　次：	2021年1月第1次印刷
开　　本：	710mm×1000mm　1/16
字　　数：	158千字
印　　张：	12.25
书　　号：	ISBN 978-7-5158-2913-5
定　　价：	59.90元

服务热线：010-58301130-0（前台）
销售热线：010-58301132（发行部）
　　　　　010-58302977（网络部）
　　　　　010-58302837（馆配部）
　　　　　010-58302813（团购部）
地址邮编：北京市西城区西环广场A座
　　　　　19-20层，100044
http://www.chgslcbs.cn
投稿热线：010-58302907（总编室）
投稿邮箱：1621239583@qq.com

工商联版图书
版权所有　侵权必究

凡本社图书出现印装质量问题，请与印务部联系。
联系电话：010-58302915

自　序

中国改革开放的四十多年，到了今天还缺不缺好产品呢？答案是不缺的，但一定缺把好产品卖出去的人，只要我们能把产品卖好，一切的问题都能解决！

我们从过去农业到商业的变革，大部分的企业都是草根起来的，在激烈的竞争中，企业能够生存下来核心的原因就是过去老板自己是最大的销售员。可是到了如今大部分企业家都感受到企业越来越难做，这是因为消费者的思维在迭代升级，老板和团队的思维还停留在过去，过去是产品为王，如今是以人为本，首先问问我们公司有多少人是销售思维的人呢（以客户为中心）？又有多少人系统性地学过销售呢？不学销售如何做好销售，销售人员大都不爱或没时间看书，所以这本是写的是销售的道与法，都是干货实战，分为五大板块，可以拆开来看，只要践行马上就能出单。

中国是个制造大国，却没有一个是奢侈品牌，想要打造品牌一定要有自己的销售特性，我们应该研究销售比研发产品还要重视，因为需求产品的是人，给钱的还是人，我们不去研究人的需求怎么能卖好产品呢？这里写的每个案例都是如何对客户好，顺便买产品的。

不是我们的产品不好，而是我们缺少真正的销售战神，好产品不会卖，有人问销售战神的精神是什么？销售战神就是用爱助人。18年前当我第一次听朋友说，我们生产的产品到国外贴个标签再转回来就变高价了，这就叫进口品牌。那时候我就感觉到心好痛，我们自己的好产品却不能成为品牌卖出国，而是用别人的标签高价卖回来，这不是产品问题，是销售出了问题，再看过去国内很牛的工厂为何倒闭，太重生产轻销售了！再看连锁门店，本来是销售型的团队，结果他们所做的销售过程连自己老板都看不下去，产品怎么能卖出去呢？销售是要系统性地学习，加强训练才能做好的！

2001年，我还是传统行业开店的老板。在2003年，给我的客户做了一次培训之后，大家都认为我的分享很接地气，建议我给他们多讲些干货。后来我就开始走向讲课的舞台，到现在已经18年，学员大概有百万人次，每次学员们说听我讲课都是灵魂的唤醒，听课现场都能出单，回去之后盈利不再困难，上课就是上班。学员多次建议把销售战神课程写成书，这样随时随地都如同有个销售宝典。

这本书是在课程中沉淀了18年，践行销售战神的人数近百万。写自序时，我仿佛回到了18年前，问自己，我的初心是什么？做培训帮助好产品走向国际化，奢侈品有中国的品牌，销售不再是到处求人买，而是应该做好自己该做的事，客户主动找我们谈，这样才是有尊严地活着。就让我们一起做好销售，为祖国发展做点贡献。

前　言

　　《销售战神》是一本非常实用的书籍，在写本书之前，我早就想好了它的定位，那就是必须实战落地。"销售战神"的课程我已经连续讲了16年，在这16年中，听过课程的学员不少于10万人，改变的人和企业不胜枚举，在书中我会分享部分案例。听过销售战神课程的学员应该知道，它的神奇之处就在于实用，只要你完全践行实际操作，当晚就能成交出单。在我的课上，我一直强调的一点就是上课就是上班，上完课就出单。正是因为课程的神奇效果和学员的高满意度，为了帮助更多的一线销售人员提升自己的销售能力，把握好自己的销售方向，让他们能够做一个有尊严的销售人员，提升业绩，解决企业的难题，把中国的产品通过优秀的销售人员卖向国际市场，打造中国真正的国际性品牌，因此，我才决定要出书。

　　心理学中有一个词叫思维同频，即认知思维是在一个频道里思考问题。你必须打开心门，与我思维同频，带着相信的态度来看这本书，带着信任最终才能实现销售业绩的增长，相信我所说的每一句话，百分之百地践行销售战神，这样才能对你产生影响。这就好比父母和孩子，当父母认为学习最重要，想要孩子努力学习，但是孩子却只想着自己的游戏，觉得学习毫无意义，这种情况下他们就不在同频思维，父母再多的苦口婆心也只是让孩子耳朵起茧的耳边风。因此，在你打开这本书之前，请带着相信的心态，清空你大脑里的杂念，一起来学习如何成为销售战神。

当今的销售员，天天在抱怨生意不好做，市场行情不好，线下门店被线上渠道挤压得无法生存，这些都是我们自己大脑里的主观思想。而真实情况是什么样的呢？今天的销售是最好做的时代，每个人都是一个大 IP，在这个时代一个人可以做到日销售额 1 亿元。比如李佳琦，他卖口红一天可以卖到 1 亿元，过去一个工厂都难达到这个业绩，但是今天他一个人就能做到，所以说这是销售最好做的时代。套用狄更斯的那句名言："这是最好的时代，也是最坏的时代。"不是市场不好做，而是你没有把市场做好，时代在改变，你的思维却停滞不前。你用过去的想法在做当下的生意，其结果可想而知，市场是绝对做不好的。

在我看来，暴利时代彻底结束了，微利时代已经到来。未来企业的方向是业绩翻倍，翻倍，再翻倍，利润下降，下降，再下降，业绩增加，增加，再增加。也就是说，未来大的企业将无限大，业绩高的将无限高，规模小的将不存在。在激烈的市场竞争中，在夹缝里求生存的机会越来越小。在过去，我们想创业，只要开个店就可以了，低门槛进入；但是今天，成本在增加，利润却在下降，激烈的市场竞争让小门店无法喘息，除了销售一切都是成本。

但是无论市场如何改变，今天的竞争已经不是产品的竞争，今天的市场竞争是人的竞争，没有卖不出去的产品，只有卖不出去产品的人。那么，今天的销售人员应该如何提高自身的市场竞争力呢？必须接受系统的销售培训，没有经过销售系统培训的团队才是企业最大的成本，任何一个企业想要得到长足的发展就要送员工来培训，只有员工的思维与老板同频，老板的目标才能达成，公司才能最大限度地增长扩张。

既然今天的市场竞争是人与人的竞争，那我们怎样才能有竞争力呢？今天的销售应该如何做才能在激烈的市场竞争中立于不败之地呢？必须以客户为中心，必须销售全员化，每个人都要有销售思维，把自己放在老板的位置上思考问题。销售不仅仅是销售员的事情，公司的财务、后勤、出纳甚至保洁都需要有销售思维，一切以客户为中心。很多时候我们会发现，当销售员辛辛苦苦签好单，最后因为财务得罪了客户，辛苦成交的客户最终落空了，甚至可能因为保安不以客户为中心，没有销售思维，得罪了客户，最终客户也不来了。这些都是因为财务、保安没有销售思维，没有以客户为中心，没有做到客户至上的理念。所以公司里每个人都应该以客户为中心，始终牢记客户才是第一位的，要知道没有客户，哪来的钱？

每个住过酒店的人都知道，我们经常会遇到在电梯里，一个打扫卫生的阿姨把推车一推，客户只能往后躲，从阿姨的这个举动我们可以知道这个酒店肯定没有做到以客户为中心，这个阿姨也没有销售思维。具有销售思维的酒店应该是这样的，客户从办理入住开始，酒店上上下下所有的人都应该知道客户的姓名叫王宇，他正在办理入住，即将上电梯，前台通过对讲机告知所有人。此时如果扫地阿姨正在等电梯，看到客户要进电梯，让客户先上，并且称呼"王先生，您好。"当客户到达指定楼层后，要有服务员在相应楼层指引，并跟客户说："王先生，你的房间在这边。"试想一下，如果是你住在这样一个全员都有销售理念的酒店，你的客户体验会不好吗？

说到以客户为中心，中国有一家知名的通讯企业值得所有企业学习，它就是华为。利比亚使用了华为的通讯设备，在利比亚战争爆发的时候，当时包括维和部队和大使馆在内的所有人都撤离了，华为总裁也买了机票准备回国。就在这时，华为总部打电话给利比亚总裁说他们的通讯设备出问题了需要抢修。在这种关乎生命的危急时刻，接到电话的华为总裁毫不犹豫地打着中国国旗穿着防弹衣去抢修，华为以客户为中心的服务震撼了利比亚乃至全世界，影响深远，同时也为华为树立了良好的口碑。

随后，华为得以进入日本市场，由于中日两国的关系，中国的通讯公司进入日本几乎是不可能的，但是华为做到了，只是市场占有率很低。在日本发生核泄露时，日本所有通讯公司的设备都出现了故障，但是其他公司没有一家去抢修，在这个时候，华为公司的人员再次穿上了防辐射服去抢修基站，最后所有的通讯设备都瘫痪了，只有华为的基站是正常的。这件事震撼了整个日本，直到今天，华为在日本的市场占有量都是第一名，自此，华为在全球的市场开始呈井喷式爆发增长。

我曾经有一个学员，他是饭店的保安，学习销售战神课程之后工资从原来的2000多元直接上升到1万多元，从最普通的保安升为保安队长。这些就是源于他学习完课程后思维改变了，掌握了以客户为中心的销售思维。他是如何做到的呢？我们开车时经常会遇到这样一个问题，不好停车，好不容易看到饭店的停车场有空位，结果保安说老板交代了不吃饭不让停。但是这位保安不是这样做的，他不仅让客户停车，而且态度很好，跟客户沟通好一个小时后如果还没有把车开走的话就留个微信，下次来吃饭找他，这样他就能拿提成。有一次，看到一辆车很脏，他动手开始擦，最后车主来了找不到自己的车了，因为擦得太干净了。这个客户非常感动，当时就不走了，直接叫了一群朋友来吃饭。这就是销售思维带来的业绩增长。

很多的销售员存在的问题是业绩忽高忽低，这是因为你们的思维认知没有意识到今天的成交才是下次成交的开始，一次的成交并不表示销售的结束，成交只是销售的开始。

所以说，今天的市场，思维一变，市场无限。我们大多数人每天瞎忙，忙得没有时间去思考，没有时间思考自己的不足之处以及未来方向，疲于奔命，没有战略性的眼光和思维，格局打不开，总是聚集在优惠力度不够大、产品不够好上。实际上，问题出在我们自己身上，我们思考的方向错了。

前言

现在的竞争是"无"竞争，不是产品之争而是人与人之间的竞争，我们必须打开心门，才能把销售做好。销售就是与人打交道，我们必须了解人性，满足人欲，化解人心，改变思维，发掘市场的无限潜力。要把销售做得无影无形、无处不在，像呼吸一样自然而然。

从翻开这本书的第一刻起，希望你会改变思维，在你面前将有一个全新的大陆在等着你去发掘。

目录
CONTENTS

第一章　销售命脉　1
　　胆大——敢于体验才能大胆地销售自己的产品　6
　　心细——做好客户信息管理，用心经营客户　19
　　状态好——给客户留下难忘的第一印象　32

第二章　销售策略　45
　　针对陌生客户的策略　50
　　针对准客户的策略　64
　　针对老客户的策略　74
　　针对大客户的策略　81

第三章　销售话术　87
　　如何讲好案例　91
　　如何进行故事性的传播　97
　　如何进行戏剧性放大　108
　　如何进行艺术性表达　111

第四章　销售布局　123

颠覆传统的销售逻辑，向医生学习　126

销售规律　136

战神目标　140

第五章　化解抗拒点　153

客户的抗拒点有哪些　156

客户抗拒的原因　158

化解抗拒点的示范　165

后　记　175

CHAPTER 1

第一章

销售命脉

什么是销售的命脉？是销售思维。思维是一个人大脑思考问题的方式，是世界观、人生观和价值观的体现。真正能决定一个人人生高度的就是思维，你用什么样的方式去思考问题，你就会得到什么样的结果。我们发现，如今有钱的人越来越有钱，没钱的人越来越没钱，有钱人和普通人的区别就体现在思维上，人与人的差异也体现在思维上。

因此，作为销售人员必须改变销售思维，不要认为你只是个打工的，混一天算一天，销售就是自己给自己当老板。据调查显示，有70%以上的上班族都不满意自己的工资，而即使他清楚老板的生意在下滑收入在减少，也仍然觉得老板应该提高他的工资。试想一下，老板的收入在减少，你的工资可能会上升吗？要知道，如果你不想办法给公司创造更多利润增加更多收入，你的工资如何能够提升呢？老板能提供给你的只有平台和机会，你只有抓住机会为公司创收，你的工资才能因为公司的收入水涨船高。

不是市场不好做，而是你的市场没做好

在销售中亦是如此，当你觉得市场不好做，销售不好做的时候你就真的做不好；当你觉得我不行，我做不好的时候你就真的不行，你的业绩高不了；当你觉得这个客户太有钱了我不敢上前，害怕恐惧的时候，客户也感受到了你的恐惧和不自信，他就不会找你购买；当你看到一个客户进店，你觉得他不会购买，最后他就真的没有购买。这一切的一切都是你的思维在起作用，你的思维是消极的、负面的，最终你得到的就是不好的结果。

相反，当你的思维转变之后，你觉得今天的销售市场无限，就会想尽办法去挖掘销售机会，最终你的市场真的有无限可能。

我们再看两个销售员的故事。两个业务员对于同一个市场，思维完全不同，态度就截然不同。

两家鞋业制造公司分别派出了两个业务员去开拓市场，一个叫杰克逊，另一个叫板井。在同一天，他们两个人来到了南太平洋的一个岛国。到达当天，他们就发现当地人全都打赤脚，不穿鞋。从国王到贫民，居然没有一个人穿鞋子。

当晚，杰克逊向总部老板发了一封电报："天呀，这里的人从不穿鞋子，有谁还会买我的鞋子呢？我明天就回去。"

板井也向公司总部发了一封电报："太好了！这里的人都不穿鞋，我决定把家搬来，在此长期驻扎下去！"

两年后，板井让这里的人都穿上了鞋子。

同一个市场，两个销售员完全不同的思维，结果一个成功了，另一个碌碌无为。从这个故事中，我们可以看出销售人员的思维有多重要。

所以说，作为销售，我们必须要改变思维，抓住销售命脉，才能成为一个好销售，才能成为一个有尊严的销售人员，而不是只会溜须拍马的销售员。你必须对自己充满信心，对自己的产品充满信心，对客户充满信心，更要相信做销售不是卑微的，销售是在传递一份爱，销售是在帮助客户解决问题，客户在购买我的产品的同时我也帮助客户解决了问题，我们要做一个有尊严的销售。

【L 强金句】

不是市场不好做，而是你的市场没做好。

那么，什么是销售的命脉呢？在销售中，销售命脉主要包括三点：胆大、心细、状态好。

胆大——敢于体验才能大胆地销售自己的产品

做销售想改变自己的命运最重要的就是胆大,当你做了别人不敢做的事情你就成功了。但是今天很多销售员就是太过胆小,客户进来后紧张得连话都说不好,甚至有的人连话都不敢说,那首先你就输了。因为你没有把自己打开,销售不能把自己打开那你就根本不可能把别人吸引进来。正如吸引力法则所说的那样,你带着什么样的想法来最终你就会得到什么样的结果。

有些新来的销售员,公司让他给客户打电话。当进行第一次电话销售时,他的心脏猛烈跳动,紧张得心都提到了嗓子眼。当他拨通电话结果客户没接的时候,这个新员工挂了电话的那一刻暗自庆幸:幸亏他没接,接了我说什么呀!这就是恐惧心理,害怕客户,害怕把自己的想法表达出来。作为销售,如果你连自己想说的话都不敢说出来,你还能活出自己喜欢的样子吗?销售就是要大胆地说出自己的想法,买不买是客户的事,说不说是你自己的事。当你敢于开口去要的时候,客户就敢买单,销售员自己不敢开口,那客户还敢信任你、信任你的产品吗?

有很多销售员活得卑微,对客户心生恐惧,那是因为你只看到客户的钱,没看到自己值钱的货。老是害怕客户不买怎么办?不给我钱怎么办?要知道,客户对产品是有需求的,当他不给你钱的时候他就会给别人钱。所以,你要相信他一定会给你钱,因为产品可以有很多,但是卖产品的人就只有你一个,你的存在无可替代。当你内心有这种信念并且这个信念已经深深地植入你的脑海中时，销售员就不会卑微不会恐惧，在客户面前不至于紧张，客户也就不会被你这种负面情绪感染了。一个胆大的销售员是能够感染、调动客户的购买欲望的。

> 【L强金句】
>
> 销售就是把我想说的话说了，把该收的钱收了。

孙正义投资马云的故事成了一段佳话。1999年的时候，马云还名不见经传，但是孙正义是全球最红的互联网投资人，也是全球互联网老大雅虎的投资人。在这种情况下，马云敢直接找到孙正义，而且只用了6分钟的时间，最后孙正义主动开口问马云需要投资多少钱。这就是胆大，马云做了别人不敢做的事情，最终马云成功了。论技术马云不是最强，论能力不是最大，论相貌不算帅的，论地位马云当时在孙正义面前就是一个小人物，但是马云却成功地让孙正义投资了他，原因就是马云胆子够大。没有马云的胆大，就没有今天阿里巴巴的成功。

有太多从农村来到城市的年轻人，在城市一待就是很多年，待的时间长了，连回家的路都没有了，因为我们不可能再回到老家去种自己的那"一亩三分地"。那我们的出路在哪里？唯一的出路就是大步往前迈，把销售做好。今天在外面打拼得很成功的人，都是有胆量的人，敢于挑战，敢于拼搏，胆大的人不会故步自封也不会妄自菲薄，胆大的人是有格局的人。

我们会发现一个很有意思的社会现象，小学学历的成了老板，大学学历的给他打工，在学校成绩好的"学霸"最后给"学渣"打工。学历不重要，重要的是胆量，就是因为他们有足够的胆量去挑战去创业，别人不敢做裹足不前的时候，你敢于迈出第一步，那么你就成功了。我们要清楚，很多事情不是因为你拥有了才去做，而是因为你去做了才能拥有。财富也是如此，你去创造才会拥有财富，在这世上从来没有天上掉馅饼的好事。

所以说，今天的销售如果你还是坐在店里等客户，那最终等来的就是一个"死"字。很多人把客户等"死"了，就开始研究是不是我们的产品价格太高了、活动力度太小了、送的赠品太少了等一系列问题。当我们发现产品销量不如别人的时候，我们大多数企业或者销售员就开始降价，企图用降价来提升业绩，实际上降价是最不可取的。我们来看看下面的案例，看完你就会明白一味降价是没有效果的。

诺基亚和苹果的案例

诺基亚手机的产品价格不高，质量非常好，好到摔烂了合起来还能够继续用，不小心掉水里捞起来晾干了还能继续用，甚至于没信号的时候站椅子上摇一摇还能接着用。如此过硬的品质，价格却不高，在苹果手机没有出现之前市场占有率最高，稳坐通信行业头把交椅，但是苹果的出现把诺基亚逼到最终退出市场。苹果手机在产品质量上并没有比诺基亚手机高，但是就是这样，目前苹果手机售价最高12000元依然不影响它的销售。

原因在哪儿？有人说是诺基亚没有照相机功能，有人说是因为苹果是智能机。其实都不是，要知道当时我们用的是2G、3G的网络，智能设计并没有太多用。那原因在哪儿？原因就是乔布斯敢卖，敢于改变产品的价格体系，当iPhone4上市后销量不好的时候他在研究，他没有降价，而是研发新的iPhone4s，价格不降反升，接着iPhone5一直到目前的iPhone11Pro，销量一直很好。反观诺基亚，当发现产品销量不好的时候，价格一降再降，最终没有赢利空间直接被收购，一代枭雄最终凄凉落幕。

如果当年刚进入中国时，诺基亚也生产智能手机，苹果卖4000元，诺基亚卖4200元，你会选择买谁呢？在课上调研大多数的人都会买诺基亚。

从上面这个案例中，我们可以看到大多数人的销售观念从来不怕产品贵，而是只买贵的，不买对的。为什么？今天的消费观念在改变，消费群体主力就是90后。据数据显示90后人均贷款是13万元，但是他们依然敢于消费。面对90后这一新的消费群体，一味地降价并不能激起他们的购买欲望，反而让他们对产品品质产生怀疑。

所以说，不是因为产品贵客户不购买，而是我们给客户提供的产品价值不足以让客户有掏钱购买的欲望。我们可以观察一下，所有在当地销量最好的产品价格都是排在第一位的，所有的品牌价格都是最高的，但是依然有很多消费者趋之若鹜，那些价格低廉的产品从来不需要抢购。因此，价格高并不是产品销量不好的原因，没有高价位产品如何吸引高品质人群。客户购买的不仅仅是产品，还有隐藏在产品背后的价值。

但是有些销售员依然没有意识到这些问题，一味地研究价格，却唯独没有想到不是产品的问题，也不是价格的问题，而是人（自己）的问题。销售就是与人打交道，把产品销量差归结在价格高是因为我们自己在价格上进行了自我设限，很多时候不是客户觉得贵了，而是你自己觉得太贵了没人买。因此就出现一种现象，有些销售员不敢卖高价位的产品，低价位的又不想卖，最终就是卖中间价位的产品，因此这些销售员自己也就成为比上不足比下有余的人。

销售员为什么不敢卖高价位产品给客户？为什么看到有钱人就越害怕不

敢开口？究其原因就是缺少胆量。那么，如何才能让自己变得大胆呢？

体验高消费，不再恐惧价位，大胆地卖出高价位产品

胆大是需要体验的，通过体验高消费改变自己对高消费的认识，突破自我设限，当你体验过高消费后你就不会对自己的产品价格耿耿于怀，不再惧怕自己的产品因价位高而没人购买，这样才能大胆地底气十足地把高价位产品卖给有钱的客户，培养客户的消费习惯。

曾经有一个卖酒的学员，当时他的酒最高卖20元，但是他自己感觉这个价格太贵了，一直销量不好。他来听课后，我让他去买瓶20元的水。他后来分享自己的感受，当他打开水喝的时候，心想水都要卖20元，何况我的还是酒呢？体验过一次高消费后，从此他卖酒变得底气十足，突破了自我设限，最后酒的销量直线上升。

人是不怕贵的，就怕自己买得不对，所以要大胆地把高价位产品卖出去。销售员如若不能认识到自己产品的价值，在销售的过程中就会表现得没有底气，当客户说贵的时候你可能马上流露出赞同的表情和神态，让客户一眼就看穿你，在这种情况下，客户还如何能够做出购买的决定？

当你惧怕高价位产品时，你可以去体验高消费，去把你平时不舍得买或者觉得价格完全超过你心理预期的产品买下来，体验一次高消费，当你体验过高消费后就会觉得这个价格也没什么，我的产品值这个价格，我卖客户高价位产品是符合客户消费需求的。当你开口向客户销售的时候才会有这个胆量和自信，当你底气十足时，才能向客户展示产品的价值，客户自然也会认可你产品的价值。

大胆行动，敢于去做

我们大多数人在行动之前，害怕得太多，想得太多，导致迈不出第一步，在没有开始之前就设想了一万个不可能达成的理由，最终结果就是没达成。

恐惧和自我怀疑是人类潜在的最大敌人，如果你觉得做不成这件事，那么最后你就真的会失败。只要发现目标就立即行动。你要记住不是因为你拥有了才去做，而是因为你做了才会拥有。很多人踌躇不前就是因为自己胆小，总感觉自己做不成，自我怀疑，或者觉得自己不配赚到这么多钱。自我怀疑的人首先在心理上就要克服，心理上克服之后勇敢大胆地放手去做，敢做敢行动就可能成功。

克服对客户拒绝的恐惧，敢于行动

在销售中，第一次给客户打电话、第一次拜访都会让销售员紧张恐惧，害怕被拒绝，害怕自己没做好，陷入自我怀疑。其实，恐惧和自我怀疑都是"纸老虎"。一次的拒绝并不能证明你不行，就像你第一次学习轮滑摔倒了并不代表你不适合滑冰一样。当客户拒绝你时并不能证明是你的能力不行，积极、胆大的销售员会寻找原因，进行调整再次行动，不因为一次的拒绝而退缩。

销售员没有不被客户拒绝的，而且相反遭到客户拒绝才是正常的。克服了对客户拒绝的恐惧后就勇敢大胆地去做，做了就可能实现目标。伏尔泰说："人生来就是为了行动，就像火光总是向上腾。"敢于行动，人生才能成功。"心动不如行动！"行动是抵达成功最佳的也是唯一的途径。

一位每天梦想发财的年轻人，几乎每天都去教堂进行祷告："上帝啊，请念在我多年敬畏您的份上，让我中一次彩票吧！阿门。"

每天，他的祷告词都一样。几天后，他垂头丧气地来到教堂，同样祈祷："上帝啊，为何不让我中彩票？"以后几天里，他天天如此，做着同样的祷告。最后一次，他跪在地上，嘴里发出同样的祷告："我的上帝，为何您不听我的祷告呢？让我中彩票吧，哪怕就一次，我愿意终身信奉您。"

这时，上帝再也无法忍受了，他威严地说："我一直在听你相同的祷告，我再也受不了了，最起码你也该先去买一张彩票吧！"

销售员想要高业绩首先要敢于靠近客户

销售员想要赚钱，想要提高业绩就要敢于行动，就要敢于靠近客户。我们必须足够胆大，大胆去做，你才可能会拥有，得到你想要的结果。

销售员要不断突破自我设限，大胆地和有钱的客户靠近，大胆地向他们推荐高价位产品，既要看到高价位，又要看到高价位产品背后的价值。在还没开始前，不再担心客户不买怎么办，而是大胆地走出第一步，把自己想说的话说了，结果自然就是能够成功把产品卖出去。你要明白消费者来购买说明他有需求，他在购买前并不知道什么品牌，卖得多了自然就是品牌。国际大品牌都是贵的，我们的品质越来越好，价格却不高，最后卖得也不好，这就要大胆地把高品质卖出高价位来服务客户，从而提升品牌的影响力。

了解人性，满足人欲，化解人心

销售就是与人打交道，想要做好销售，必须了解人性。人和动物不一样，人是有欲望的，每个人都有一颗贪婪的心。做销售就要了解人性，满足人欲，化解人心。

这里有一个很重要的点，就是消费者到底是喜欢便宜还是喜欢占便宜？很显然，消费者喜欢占便宜。占便宜的背后是消费者觉得值，当你让消费者觉得超值的时候成交就不是问题了。海底捞就是一个非常典型的例子。

我们去海底捞会发现，海底捞的整个流程给客户带来的体验都是非常好的。当你还没有进去消费前，客户至少可以占五道便宜，可以免费做指甲、擦鞋子、吃水果、玩扑克牌，小孩有免费游乐区。海底捞消费不便宜，在你消费结束后只会给你发放代金券，从来不会打折。为什么海底捞消费不便宜却如此火爆，客户愿意去消费吗？就是因为他们足够了解人性，满足了人欲，化解了人的贪婪之心，让客户占尽便宜，感化客户，让客户尽管排队等一小时都愿意。

因此，客户是不怕贵的，就怕自己买得不对。销售员必须了解人性才能了解客户的心，打消客户对你的抗拒，大胆地推销自己的产品，而不是把产品价格一降再降，直接把利润挤压到没有下降的空间，最后把自己挤出市场。

人性化销售就要读透人欲，让客户舒服地成交

所有的销售中，人才是根本。下面，我们来说人性化销售中的一个经典案例——风和太阳的故事。

这天，风遇到了太阳，他们一起玩。这时，有一个人远远走来，他们好奇、好玩，打起了赌，要比一比谁的威力大，能让这人脱衣服。风先来，风悄悄迎上去，拽上衣服的一角，可惜这次没拽掉，被这人一下摁住了。为了能赢，风加大了威力，这人摁得更紧了。最后，风都快把人吹跑了，这人双手搂着脖子，一边跺脚叫冷，骂着天气，一边把衣服牢牢地裹在自己身上。风不得不放弃了。风停了，

> 【L强金句】
>
> 全员销售化，销售职业化，职业生产化

轮到了太阳，太阳默默地注视着，注视着，这人渐渐地放弃了紧张，舒展开怀抱。太阳也渐渐加大了威力，这人开始解开扣子，终于把衣服脱去，拿在了手上。

我们从这个小故事中看销售，风的方法是只顾自己想要的，不顾别人的感受，不成就硬来，硬来的结果是对抗。

太阳的方法则是先让对方舒服，舒服，再舒服，在这个过程中，就慢慢地接受了太阳。

销售也是一样的道理，必须了解人性，让客户舒服，让客户得到满足，让客户的欲望得到满足，才能了解客户的心，销售才能变得自然而然像呼吸一样简单。销售才能从低层的一次次成交向高层次发展，销售可以转为再次消费或者转为介绍，也就是说今天的成交是下次成交的开始。

人生无处不销售，人人都是销售员，必须有全员销售化、销售国际化和销售职业化的思维，改变销售思维，改变思维模式，你才能变得大胆，才能把握销售的命脉。

每天加强训练1小时

想要变得胆大是需要训练的，销售员要想让自己面对客户时不再恐惧，必须每天加强训练一小时，找自己熟悉的人练习，打开自己的内心，突破自我设限。练习成功的标准就是当你练到自己都想把自己的卡刷了的时候，你就成功了。这样你再面对客户时就会心里有底气。当你觉得客户的抗拒没什么了不起的时候，你的业绩就会有所提升。

我讲课也是这样，销售战神这个课程我已经连续讲了16年，讲到自己都觉得讲得非常好，这就成功了。

使用自己的产品

在今天这个时代，产品好是根基，是最基本的，一个销售员如果不使用自己的产品，那如何说服客户购买你的产品呢？连销售员都不敢用自己的产品，客户又怎么有购买的胆量呢？做销售必须使用自己的产品，足够了解自己的产品，才能对客户不欺骗，才能有足够的底气和胆量说服客户购买自己的产品。世界所有知名的名牌产品都要求销售员必须体验自己的产品。

卖宝马的销售员同样要使用自己的产品

有人会说，我是卖宝马的，但是我买不起宝马，该如何体验自己的产品？

这就是思维局限，必须改变这种思维方式。宝马的目标消费群体都是有钱人，有钱人喜欢跟有钱人在一起，如果你自己不花钱体验自己的产品，首先你就把自己定位在穷人，你就不在有钱人的圈子内，客户怎么会愿意向你购买宝马呢？

销售就是要敢于花钱消费自己的产品，敢于挑战，跟自己较量，当你没有钱去买宝马的时候，你是否可以考虑租一辆宝马呢？

我讲一下自己的亲身经历。曾经我到宝马4S店去看车，想买辆宝马，卖车的销售员给我介绍了很多宝马的优势性能，我问他开过没有，体验如何。他说："我哪开得起宝马呀，我开的是尼桑。"我问为什么，他说尼桑省油。这就无形中道出了宝马的缺陷——耗油。我就不看了，他问我为什么，我说耗油。

体验自己的产品是让客户看到产品的价值的最简单有效的方法

宇宙是有能量的，同频的人会互相吸引靠近，当你把自己排除在圈子之外，圈子里的人也不会愿意带你玩。这就是为什么卖安利的人自己都用安利，卖保险的人自己都买保险，这就是给客户一个安心丸，我自己都在用，这个产品肯定值得买。

当你自己体验过自己的产品，你就变成自己产品的忠实拥护者，在销售中可以激发出你的销售热情；相反，如果你自己都不使用自己的产品，说明你不相信自己的产品，那你在给客户介绍的时候是没有说服力的，客户也会有一种隔靴搔痒的感觉，无法被你触动。

所以，如果你是卖奶粉的，你要给你家小孩买这种奶粉吃；如果你是卖地板的，你家装修必须用自己的地板；如果你是卖化妆品的，你必须自己用自己的化妆品；如果你是卖衣柜的，必须在自己家也装上这个品牌的衣柜；如果你是卖车的，就算是租车也要使用自己的产品。使用自己的产品首先你可以清楚地了解产品的优点和缺点，做好用户体验后当客户在跟你聊产品的时候你可以对自己的产品了如指掌。还可以告诉客户我自己都在用，你还担心什么呢，如果产品不好的话我会用吗？

做销售一定要胆大，不惧任何抗拒，不怕失败，不因客户的情绪影响自己的状态，无论客户是何反应，自己都能保持好状态，保持一颗平常心，大胆有底气地跟客户沟通，大声对自己说："从今天起，我再也不害怕，消除客户对我的抗拒。越有钱的人越把货卖给他，越有钱的人和他走得越近，越有钱的人，越赚走他的钱。"

【战神案例】

我是王一舟，大学专业是数控技术，2012年毕业后听说做销售挣钱，于是我就加入了培训公司从事销售工作。一开始，我认为自己口才不错，销售对我来说没有什么问题。

但是现实很残酷，我进入公司长达16个月都没有业绩，我当时很苦恼，但是我知道改变现状的唯一方法就是不断学习。于是，我开始不断地参加自己公司内的课程，直到2014年接触到娄强老师的销售战神课程，让我整个人都像被激活了一样，我才知道我到底为什么那么长时间都出不了单。

在课程中我了解到我出不了单是因为我自卑，我是从农村出来的，但是我的客户是高端人群，这种骨子里的自卑感让我在见客户的时候胆怯。听了销售战神课程后，我明白做销售要胆大，相信自己的产品能够帮助到客户，让自己慢慢从内心中生长出力量，变得自信。

还有一点，就是在和客户交谈的过程中要有利他思维，发自内心地去服务好客户。我有一个鞍山的客户，他是做高端家具的。长春到鞍山的距离，坐高铁要两个半小时。在服务这个客户的过程中，我一周至少去一次，连续90天一直坚持，而且每个重大的节日都给客户准备礼物，一直到现在每年都是如此，把客户当成朋友真诚相待。客户跟我也成为朋友，后来这个客户给我介绍的客户成交额近200万元。

销售战神让我从16个月不出单到连续三年成为公司销售冠军，就是用落地实操实战的方法让我做销售，让我自己成为"销售战神"。

思考练习题

你在销售中有哪些一直困扰你却无法突破的心理底线，看完这章后请给自己罗列一个清单，并且逐一突破。

_____

_____

_____

销售战神突破表

怕什么	
用什么突破	
突破时间	

心细——做好客户信息管理，用心经营客户

做好客户信息管理的重要性

所谓心细，就是要进行客户管理。客户管理这项工作应该是由销售员自己负责，你不仅需要掌握客户信息，你更应该知道客户要什么。今天我们大多数销售员掌握了客户的很多信息，比如住址、工作、客户家装修进行到哪一步了，但是这些并不是客户管理，你只是掌握了对你有用的信息，这只是你工作当中的一道程序，你掌握的信息并不是客户想要的，而是你想要的。结果就变成你想赚客户的钱，但是客户并不想掏钱，你想成交，客户不愿刷卡。

所以说客户管理是要掌握对你服务客户有用的、客户需要的信息，用心去发现，学会观察，心要足够细，掌握客户信息后才能了解客户，为客户做好服务。

【战神案例】

我是刘闯，在学习销售战神课程之前做过三年汽车销售，当时觉得自己做得还算不错，因为我偶尔也能成为公司销售冠军，但是非常不稳定，业绩忽高忽低。

在听了一上午课程之后，我开始深刻自省，忽然明白为什么我的业绩忽高忽低不稳定，原因就在于我内心对成交没有强烈的欲望以及没有做好客户的信息管理。佛系销售，客户成交与否，我的内心没什么变化。

而且我没有详细的客户信息表，更不知道客户生日、结婚纪念日等，我和客户之间没有任何关系，客户在成交的时候又怎么会想到我呢？

课后我就开始管理自己的客户，把自己的客户分为大客户、准客户、意向客户和潜在客户。针对大客户维护和送礼品这一块，三峰木门刘总爱人的姥姥过生日时我就琢磨应该送什么礼品，经过我自己的了解后，发现老人心脏不太好，于是我买了一个小米手环，能够监测老人各项指标，并且请公司三十多位伙伴每人给老人家写了一句生日祝福。刘总看到后非常感动，经过半年的时间刘总把三峰木门总部推荐给我，最终和三峰木门总部成交了 500 万元的战略合作款。

销售战神课程改变了我的个人命运和家庭命运，让我收获颇丰。

销售不只是要知道，更重要的是做到

细心做好客户管理，掌握销售命脉，做销售不只是知道而已，更重要的是做到。知道和做到，相差一个太平洋。做销售要多做事少说废话，一点一点地帮助客户，感动客户，这样的销售才不会只有一次成交。销售应该是持续性的，有后续行为的，今天的成交是下次成交的开始。一个客户今天成交后续还可以有服务、二次购买、转介绍甚至终身购买，这样才是成功的销售。

销售不能只是一次成交就结束，而是一生一世的帮助。切忌承诺太多，结果做得太少。我们很多销售员为了今天的成交，承诺答应客户很多条件，结果成交后不能兑现，最终使客户对你失去信任，一次成交也就结束了。

做销售一定要细心，详细地掌握客户信息，对客户进行管理，这样的销售员会越做越轻松，越做越成功。

今天很多销售是不了解客户的，只管向客户卖自己的产品，结果客户并不买单。

我有个朋友做装修设计做了十年，后来他开了一家公司。有一次他让我给他介绍一个客户，我就给他介绍了一个正着急需要装修的朋友。他们俩见面后聊得不错，我那个需要装修的朋友给了他一张名片，说你回去拟好合同明天我们把合同签了就可以开工了。

第二天我的这个设计师朋友到她家了，开门的是保姆，保姆问他说："你找谁呀？"他说："名字我不记得了，我找你们家主人。"保姆问："是男的还是女的。"他说："女的。"结果他们俩的对话正好被客户听见了，主人说："他是装修的，让他进来吧。"我这个设计师朋友进去后说："姐，我今天把合同带来了，我们签了就可以开工了。"她说："你先回去吧，我这个装修不急，暂时不装了。"这个设计师朋友一头雾水，明明昨天谈得好好的怎么突然就成这样了呢？百思不得其解，过了几天让我打电话问下情况。我打通电话后，她直接说："我这确实开工了，但是没有让你朋友装修。因为我给过他一张名片，他第二天到我家来居然不知道我叫什么名字，连我是谁都不知道，我怎么能把装修这么大的事交给这么一个没心的人呢？"听完我也无话可说，因为她确实说得很对。

> 【L 强金句】
>
> 知道和做到，相差一个太平洋。

在上面的案例中，我的设计师朋友就是做了十年的设计埋头研究设计，只管设计不管客户是谁，完全没有销售的思维。当我和他讲了客户拒绝签合同的理由后，他捶胸顿足，发誓要改变自己。

管理客户信息不是简单地掌握信息，更重要的是了解客户需求

因此，做销售的一定要心细，要学会管理客户信息，管理客户信息并不是说掌握了客户多少信息，而是你了解你的客户多少，了解客户需要什么。在没有成交之前，我们了解客户在干什么，需要什么后，我们就可以有针对性地满足客户需求，掌握了这些信息后，销售员就可以做前期工作，前期工作做好了成交就水到渠成，当你什么都没做的时候，不该成交的时候急于成交，结果只能以失败告终，这种失败对销售员的自信是一种沉重的打击，会进入恶性循环。

为了跳出这种恶性循环，给自己更多成功的销售体验，必须认真地做好客户服务，学会付出，付出才有回报。尤其是对客户，真诚用心地对待客户，客户感动了成交就不是问题，你和客户的关系处好了业绩就不再难达到，销售员会变得越来越自信，销售工作也就越做越顺利。

如何做好客户信息管理

如何做好客户信息管理，主要有以下五项客户信息需要重点关注，包括客户生日、结婚纪念日、小孩生日、父母年龄和身体状况和家庭和公司的重大事件。我会将这五项信息如何使用进行举例说明如何做好客户信息管理（如

表 1-1 所示）。

你关心客户的生活，客户才关心你的生意。

表 1-1　销售战神客户管理表

姓名		电话		公司名称	
客户生日					
结婚纪念日					
小孩生日					
配偶生日					
父母年龄身体状况		感动策略			
家庭重大事项					
公司重大事项					

1. 客户生日

今天的销售员缺的就是一份心，一份对客户真正的关心。当你脑子里只想着销售成交时，你就会想尽办法去让客户购买，但是客户没有感受到你的那份心，就无法放心地购买你的产品。这就是只用法没用心的结果。销售就是有心无法，法随心生，有法无心，法随心灭。方法技巧不重要，重要的是你的那份心，销售就是与人打交道，人与人之间最重要的是真诚的心，没有真诚地对待客户，客户怎么会放心购买你的产品？

假如你是卖地板的，你接触到一个客户，你了解到这个客户家正在装修，而且已经到了装地板的环节了，今天如果不买你的可能就买别人的了。假如你知道客户正好今天过生日，可以怎么做呢？

首先，我们要真心地给客户过生日，不管客户买不买地板。用真心感动客户，客户感受到你那份真心，就认可你这个人，认可你的为人后自然就会购买你的产品。

假如客户叫于明，我们可以给客户打个电话，在称呼的时候不要称于哥，而是叫明哥。因为于哥有很多，明哥是特指，这样称呼首先就拉近了你们的距离。很多销售打电话就死在第一句称呼上，第一句话就是："喂，你好，请问是于总吗？"结果客户一听你就是卖东西的，啪一下就把电话挂了。打电话的时候我们可以真诚地给客户说句："生日快乐！"然后告诉他花已经送到公司了，聊表心意。最后问下客户方便见个面吗？如果客户这个时候不给机会推辞说在外面不方便，你就直接告诉他，"没事，我就在你公司等你，多晚都等你，我就想真心地给你过个生日，因为接触这么久了，我一直觉得你人挺好，我在外面打拼也没有什么亲人，看到你很亲切，一直把你当亲哥哥一样看待，今天刚好是你的生日，我就想给你过个生日。"

如果你能做到这个地步，客户能感觉到你的真心。毕竟如果不是发自内心的话，你的生日和我有什么关系呢？卖地板的人可以有很多，但是能记得他生日并且打电话送花不管多晚都要等他给他过生日的销售员只有一个，这就是你的竞争力。当今社会就是人与人之间的竞争，当你做了这些之后，客户在买地板的时候首先肯定是想到你，毕竟地板只是为了实现一种功能，能对他

> 【L强金句】
>
> 销售就是无影无形、无处不在、自然而然像呼吸一样简单。

上心的销售员却只有一个，你已经在客户的心目中留下了深刻的印象，成交就是情理之中的事情。所以说，销售就是无处不在自然而然像呼吸一样简单。

著名的汽车销售员乔·吉拉德被誉为世界上最伟大的推销员，他15年内卖出了13001辆汽车。他就很善于做客户信息管理，我们来看下他的故事。

曾经有一位中年妇女走进汽车展厅，她进来后跟乔·吉拉德说就看看车打发一会儿时间。闲谈中，她说她想买一辆白色的福特车，就像她表姐开的那辆，但是对面福特车行的销售员让她过一个小时再去，所以她就来这儿看看，这是她送给自己的生日礼物，今天是她55岁的生日。

"生日快乐，夫人。"乔·吉拉德一边说一边请她进来随便看看，接着出去交代了一下，然后回来对她说："夫人，您喜欢白色车，既然您现在有时间，我给您介绍一下我们的双门式轿车，也是白色的。"

就在乔·吉拉德和客户在谈话的时候，乔·吉拉德的女秘书走了进来，送进来一束玫瑰花。乔·吉拉德把花送给客户说："祝您生日快乐！尊敬的夫人。"

这位女客户瞬间感动得眼眶都湿了。她说："已经很久没人给

我送礼物了。刚才那位销售员一定是看我开了辆旧车，以为我买不起新车。我刚要看车他却说要去收一笔款，于是我就上这儿来等他。其实，我只是想要一辆白色车而已，只不过表姐的车是福特，所以我也想买福特。现在想想，不买福特也一样。"

最后这个客户就在乔·吉拉德这里买了一辆雪佛兰，并开了一张全额支票。从头到尾乔·吉拉德都没有用语言劝说她放弃福特买雪佛兰，他只是在聊天中得知客户过生日，于是给客户送了一束花让客户在他这儿感受到受尊重、受重视，自己放弃了原来的打算，直接与他成交。

2. 客户结婚纪念日

现在生活节奏加快，我们大多数人可能都会忽略自己的结婚纪念日，即使记得，在这个快节奏的生活中，也很少有人会去精心策划结婚纪念日。如果有人在他的结婚纪念日上给他准备了意外惊喜，客户是不是会很感动？

作为一名销售员，我们如果记住了客户的结婚纪念日，这一点就很难能可贵，如果在结婚纪念日给客户意外的惊喜，客户必然会感动。

举例来说，如果你的客户今年五十多岁，在他们30周年结婚纪念日你给他们策划一个难忘的纪念日。你事先不告诉他们，只跟他说今天在某个酒店有活动，请他务必带他妻子一起来参加。事先你需要掌握好客户信息，找出客户两夫妻最喜欢听的歌，把他们结婚这些年一路走来的照片找出来，当客户走进房间的时候，房间里响起了他们年轻谈恋爱时候一起听的歌，挂满了他们一路走来的照片。这个时候，你再把他们两个一路携手走来的故事讲述一遍，能想象这个时候客户的感受一定是非常感动的，客户的伴侣也对你完全信任。

这就是用心在与客户交流。感动客户，才能做好销售。所有这些都需要细心，你需要了解客户的详细信息，你做的所有这些都是客户需要的，要满足客户需求，而不是不管客户需不需要，只顾向客户推销你的产品。

3. 小孩出生日

我们很多人第一次做父母都有点措手不及，第一次做父母总是会手忙脚乱。那么，如果销售员知道客户即将生小孩了，要想和这个客户的关系变得不一般，我们该如何做呢？

曾经有一个销售员，得知客户的老婆即将生小孩，在了解到医院和预产期后，便时刻关注。客户在外地出差时，他老婆马上要生了。这位销售员得知消息后立刻赶到医院帮着忙前忙后。客户感动得不得了，和他成了很好的朋友，不仅自己成了他的忠实客户，还帮他介绍了很多客户。

这就是心细，用心做服务，当你把握了这个销售命脉之后你就不怕客户不找你购买了。

4. 父母年龄和身体状况

如果你在客户生日、结婚纪念日、小孩出生日都到场，那么当你还掌握了客户父母的年龄和身体状况后，你又往前迈进了一步。你会发现在母亲节，很多销售就开始群发信息，比如：于哥，母亲节快乐，帮我向你妈妈带声好，祝阿姨母亲节快乐，越来越年轻漂亮！结果客户的母亲早就过世了。这就是没有掌握客户信息，靠自己的主观想法自以为是，想当然地认为客户收到信息会很开心。

要做一个好的销售员，我们必须做好客户信息管理，这样你的每一次客户互动才是有效的、积极的，而不是因为你的无知让一个可能会购买的客户把你拉黑了。下面我们来看这个做得好的案例。

曾经有一位学员，他客户的母亲生病了，最后在临走的时候刚好他在外地出差，他就打电话给客户说："哥，我在外地出差，阿姨现在怎么样？"客户说："快不行了，撑不久了。"于是他立马返回，但是客户的母亲还是在他回来的前一天去世了。他回来后没有回家，而是直接奔到客户家中，和客户一起把其母亲安葬并帮忙招待所有宾客。在客户的母亲下葬后，客户直接就和他拜了把子，客户说："我就是一个独生子，你这个兄弟我认了。"

5. 家庭和公司的重大事件

一个成功的销售要做到把客户当成朋友，真诚相待。以前有句话叫"客户是上帝"。这个理念已经过时了，因为当你把客户当上帝的时候你是卑微的，销售也要活出自己的尊严。我们把客户当成朋友则是真诚的。真诚是人与人之间沟通的根本，没有一颗真诚的心，不真实将打破一切人际关系。当你真诚对待客户的时候，当你能够真正用利他思维去对待客户的时候，客户家庭和公司发生的重大事件你会不知道、不参与其中吗？客户能不感动吗？你的业绩还会差吗？

美容院我们都清楚，一进门就"姐姐、姐姐"地叫着，各种夸，夸客户最近变瘦了、变美了。

曾经有个做美容的美容师，客户一进门她就说："姐你最近瘦了啊，在我这减肥还好吧？"客户说："还行。"她又说："哥今天没陪你一起来呀，哥最近怎么样啊？"客户说："他没来。"她还接着问："哥今天是出差了是吧？"客户直接说："他出车祸死了。"

客户家发生这么大的事你都不知道，而且还一直抓着这个问题问到底，结果闹成这样尴尬不尴尬？这就是没有掌握到客户家庭发生的重要事件，客户管理没做好，最后这个客户直接要求退卡，再也不来这里美容了。

再补充一下，上面案例中的销售员即使你不知道客户家发生了这么大的变故，也是可以避免这种尴尬的。不要一直纠结与销售无关的问题一直问到底，在销售中忌废话太多，你问的每个问题要对你有用，不然的话都是废话。

【战神案例】

我叫沈大棋，来自河南一个小村庄，我毕业后的第一份工作是在汽车4S店做销售。之前我从来没有做过销售，整整半年在公司业绩排名中都是垫底。后来有幸学习到销售战神课程，学完后让我成功逆袭，短短三个月个人收入打破公司以往纪录，并成为公司第四季度的销售冠军！

截止到目前我已经学习了26次销售战神课程，每次学习都能给我带来不一样的收获。我用得最好的是课程里面针对如何维护老客户版块，我对客户更加用心，每次回老家都带回爸妈自己榨的香油和辣椒酱送给客户。客户生日、结婚纪念日、孩子生日我全部都记着。这几年来和客户的关系一直非常好。

有一次，我的一个客户过生日，我从他的朋友圈找出他发的将近100张照片，做成一个相册送给客户，客户收到后非常感动，后来这个客户给我转介绍成交的客户总业绩达到50万元。

还有一次，我的一个大客户给孩子举办升学宴，我从他们公司经理和员工那里要到了客户小孩的照片，把孩子从小到大的照片放在一起做了一个相册影集送给客户，相册里还有一首藏头诗。客户非常感动，后来他把人脉里整个商会都引荐给我。当年通过这个客户直接间接成交业绩达到 100 万元，个人月收入达到 10 多万元。这一切都是源自我深度践行销售战神，认真照做，改变了我的销售格局，改变了我的人生，让我在销售事业上更加专业和强大！

沈大棋在维护老客户中，管理客户信息档案，并且在客户生日和小孩升学这几个关键日子中用自己的行动感动了老客户，与老客户关系非常好，通过老客户的转介绍让自己的销售业绩达到顶峰。

思考练习题

现在开始把你的客户清单列出来,并且对每一位客户的信息进行管理,根据这一节的内容补齐客户缺少的信息,做到对自己的客户心中有数。

_____

_____

_____

销售战神客户管理表

基本情况	公司名称		团队人数		年营业额	
	公司概况					
	联系方式		公司和家庭重大事件			
客户姓名		客户生日		客户特征		
家庭情况	婚姻		配偶年龄		结婚纪念日	
	父母情况					
	孩子情况					
客户类型	新客户	意向客户		准客户		优质潜在客户
客户分类	表格填写方式					
	1. 准客户:明确提出业务需求并会在一个月内办理。 2. 意向客户:明确提出业务需求但不紧急。 3. 优质潜在客户:沟通较好,无明确业务需求。 4. 一般潜在客户:A 无明确业务需求;B 联系人无决策权且无明确业务需求。					

状态好——给客户留下难忘的第一印象

自信是销售员的重要法宝，但是在销售的过程中，很多销售员都缺乏自信，见到客户感到害怕。因为他们的脑海中有一个刻板印象，销售员和客户之间的关系是销售员在要求客户帮忙购买产品。这就是对销售工作的负面理解，销售员在潜移默化中被这种刻板印象影响，对于自己是一名销售员感到自惭形秽，甚至不好意思承认自己是一名销售员，这会对销售员的工作形成很大的阻力。连你自己都觉得销售员是卑微的时候，你在销售的过程中能够自信吗？你在客户心中的印象能好吗？当你自己对销售工作不自信的时候，只要客户稍微流露出排斥的心理，场面就会非常尴尬。

销售并不卑微，销售员必须正确认识自己的工作

因此，销售员必须正确认识自己的工作，重新思考，改变思维方式，建立自信。著名的成功学家博恩·崔西说："其实，推销是一个很正当的职业，是一种服务性行业，如同医生治好病人的病，律师帮人排解纠纷，而身为推销员的我们，则为世人带来舒适、幸福和适当的服务。只要你不再羞怯，时刻充满自信并尊重你的客户，就能得到客户的认同。"

给客户留下难以磨灭的第一印象

心理学中有一个概念叫作"首因效应",就是我们通常说的"第一印象"。第一印象往往有先入为主的效果,虽然他并非总是正确的,但是却是最鲜明、最牢固、最难以改变的,会影响到双方交往的进程。如果你给人留下一个良好的第一印象,那么别人就愿意和你接近;如果第一印象很差,那么别人就不愿靠近你,避免与你接触。

这就是吸引力法则所表述的,当你觉得"我不够好"时,你就被这个观念束缚了。你不认可自己,觉得自己做不成功,没有积极正向的思维方式,你就不可能是个胆大的销售员。所以,要突破自我束缚,改变自我意识中消极的部分。你如何看待自己,你对自己的认可程度、接受程度很大程度上决定了你的人生高度,也决定了你的工作状态和销售业绩。

销售员越认可自己,别人就越认可你;你越喜欢你的客户,你的客户也就会越喜欢你,从而购买你的产品并给你推荐客户。

第一印象往往具有持久性,因此,销售员必须保持良好的状态,给客户留下难忘的第一印象,这样你才能有和客户进行沟通交流、为客户服务的机会。

空客的销售总监约翰·莱希,被人称为空客先生(Mr Airbus),也被称为史上最成功的销售员。他说卖产品就是卖自己,如果你看起来就是一个无精打采的销售员,又有什么资格让客户来选择你的产品?

莱希每次出现在客户面前都是神采奕奕,富有感染力,他的客户都说面对如此有感染力的销售员怎么会不被他的话说服?

在销售过程中状态好,莱希销售的产品是单价上亿元的飞机。他在空客创造的总业绩是23年平均每天卖出两架飞机,每天为公司挣10亿元，累计超过一万亿元。他在任职期间，让空客的市场份额从18%提升到50%，并且只用了四年的时间，把空客从一个小型新创业的飞机制造厂扩大到能和波音公司平起平坐。在他任职期间，波音公司连换了八个销售总监却始终不敌他。

对于销售来讲，1秒=永恒

我们可以观察一下，客户进店后首先是看人，其次才是看产品。客户进门后如果你紧张、牛哄哄的，客户肯定就不搭理你。那销售员如何保持一个良好的状态来迎接客户呢？

状态好首先你需要自信，从骨子里散发出来的自信，做好导购。很多人都没有明白导购这个词的含义，导购是引导客户购买。你需要主动，不能按客户的节奏被动地进行销售，如果你只是跟在客户后面你就很被动，跟着跟着客户就出去了。导购要保持自己的状态，跟上客户的节奏，不管客户表现如何，你都要保持自己的良好状态。有一种客户再怎么抗拒也与我无关的自信表现，客户的反应始终不影响我的销售状态。

首先，作为一个导购，我们要改变自身的习惯，不能一直尾随在客户后面，我们要始终在前面引导客户，而且永远要站在靠门的那一侧，这样客户就不容易流失。

其次，销售要抓住重点，少说废话。导购在服务过程中不需要拍客户马屁或者自以为是地主观觉得客户适合哪个产品，导购要明白你在服务过程中的任何一个点没做好都有可能导致客户最终不购买产品。当客户问这问那的时候，你不需要每个都回答，你要切换回你的频道，主动地问客户需要什么，然后把他往他需要的产品区引

【L强金句】

　　对于销售来讲，1秒=永恒。

导,这就是专业,你需要了解客户的需求。没成交前,我们必须学会谈判,充分展示你的自信,用相信客户会购买的态度来对待客户,并且相信公司能有符合客户需求的产品提供给客户,保持自己的好状态,给客户留下一个好的第一印象。客户认准你这个人,自然会购买你的产品。没有卖不出去的产品,只有卖不出去的产品的人,首先你需要销售你自己。没成交前不用讲太多专业知识,因为你专业知识讲得越多,越是打广告,客户越不购买。

我们再来看海底捞的员工,他们只要见到客人往店里走就一路小跑过来说:"你好,欢迎光临,里面请。"在服务过程中每个服务员都像打了鸡血一样状态良好,随时为你服务,这样的状态让客户非常舒服。

那么,如何保持状态好?答案就是保持相信的信念——相信自己、相信客户、相信公司能做大。

自信——给客户呈现一个无可替代的自己

拥有自信心的销售员总是更容易打动客户,相同的产品不同的人卖会有不同的结果。当你足够自信的时候,别人对待你就会像对待专家一样。当你从骨子里发出这种自信的时候,你就是无可替代的。

1999年10月,马云刚开始创业,此前已经接受了高盛500万美元的风险投资。当他被介绍与孙正义见面的时候,他底气很足,首先他知道自己要做的是一件什么事,他清楚地知道自己未来的规划,其实刚融到资的马云暂时不缺资金。就这样,马云只是带着和孙正义聊聊的想法去见了他。马云当时名不见经传,而孙正义当时已经是全球互联网领域标志性人物,被称为日本的比尔·盖茨和"网络投资皇帝"。

在和孙正义见面时，马云只穿了件很随意的衣服，没有西装革履。在两个人沟通的 6 分钟，马云自信地讲述了自己要做的事情以及阿里巴巴的商业模式和运作模式。马云当时说，"一开始只是梦想和毫无根据的自信，但是所有的一切都是从这里开始的，自从听了你的话以后，到现在为止我认为我们依然没有停止，即使给我望远镜我也看不见竞争对手的手。"

在马云还没讲完时，孙正义就直接问他需要多少钱，马云自信地说不缺钱，这更引起了孙正义的兴趣。孙正义主动提出投资 5000 万美元给阿里巴巴，最终马云只接受了 2000 万美元的投资。孙正义当时就表示，马云一定会成功，他说："你会成为一个英雄，你的名字所能达到的高度，将会与雅虎杨致远、亚马逊贝索斯、微软比尔·盖茨一样。保持你独特的领导气质，这是我为你投资的最重要原因。"

马云一个毫无名气的创业者，如何能够让孙正义这种世界级投资大佬在 6 分钟就决定给他投资？靠的就是他的自信，一种从骨子里散发出来的自信和气质。

销售员要用产品知识来武装自己

销售员要做到自信，首先要足够了解自己的产品，用产品知识来武装自己并且相信自己的产品，当客户问到你关于产品的相关知识时你能够信手拈来。如果你热爱自己的产品，相信自己的产品时，你在销售过程中自然就热情自信，敢于向客户销售，你的业绩自然会好。销售员自己要成为产品的忠实粉丝，当客户问你产品的相关知识时，你能够专业地讲解，而不是讲一些空洞没有任何说服力的话。有了专业的产品知识的武装，你就能自信起来。马云在和孙正义谈话的过程中，因为他对自己所做的事情有着深入的理解和规划，了解自己的产品和事业，才能保持自信。

> 【L 强金句】
>
> 销售人员的状态来自自信，销售人员不自信就没有持久的状态。

有一位推销员，她费尽心思，好不容易电话预约到一位对她推销的产品感兴趣的客户，然而却在与客户面谈时搞砸了，客户拂袖而去。

客户说："我对你们的产品很感兴趣，能详细介绍一下吗？"

销售员看着客户说："我们的产品是一款高科技产品，非常适合你们这样的生产型企业使用。"

客户说："何以见得？"

销售员说："因为我们公司的产品就是专门针对你们这些大型生产企业设计的。"

"我的时间很宝贵，请你直入主题，告诉我你们产品的详细规格、性能、各种参数以及与优于其他产品的优点，好吗？"客户已经非常不耐烦了。

"这……我……那个……我们这个产品吧……"销售员变得语无伦次。因为她根本不了解自己的产品，当客户问到这个问题的时候她完全答不上来，何来的自信呢？

"对不起，我想你还是把你的产品了解清楚了再向我推销吧！"客户就这样出门了，成交也就不可能了。

试想一下，如果这位销售员能提前把产品了解清楚，在和客户进行沟通的时候结果可能会完全不同。当她能自信地跟客户介绍产品的参数性能和优点时，客户成交的概率就大了很多。

因此，销售员要自信，首先要热爱自己的产品，对自己的产品了如指掌，对自己的产品质量信心满满；其次，多加练习自己的胆量。自信是需要练习的，每天设定一个目标，挑战自己，当你每天都完成之后你就会体验到成功的喜悦和满足，久而久之，你的潜意识就会相信自己是一个无所不能的人，你的自信心就会逐渐建立起来。最后，在与客户见面前要注意自己的仪表，给客户留下良好的第一印象，整洁而专业的着装不仅是对客户的尊重，也会影响到你的精神状态，得体的着装和职业的服饰能让你看起来神清气爽，精神饱满，增强自信心。

【战神案例】

西安有一个卖地板的19岁女孩，在店里做了四个月没有任何业绩。老板在第五个月跟她说，你做完这个月就走吧。在最后几天时，听到有销售战神这门课，于是就和老板申请说想要去听一下课程，结果听完课后，21天出了41单。

她说自从上了销售战神的课，她开始变得大胆自信，见到客户后一改以前畏畏缩缩的状态，听完课后整个人改变了，胆大、乐观、敢说敢做。这就是销售战神的命脉，把胆大自信做到极致，成为自己的独有竞争力。

所以说要胆大，当然你可能会说，我也很胆大，但是我为什么就没有这种业绩？胆大只是首要条件，要想真正成为销售战神，不只是胆大就可以，继续往下看你就会知道答案。

相信——内心要相信客户进店就是来购买的

销售员在什么时候状态最好？做过销售的人应该深有体会，那就是客户确定购买的时候，销售员肯定是状态满满，能用最好的服务态度来对待客户。那么我们如何保持好状态呢？内心要相信客户进店就是来购买的，内心重复100次来强化自己的思想，进入潜意识，加强训练。当你内心有这种信念时，就会用客户会购买的态度来对待客户，保持自我的良好状态。

拥有好的状态才能拥有好的业绩

客户看到状态好的销售员就会想刷卡，当你满脸疲惫不在状态时没有人会愿意靠近你，所以说拥有好的状态才能有好的业绩，思想上改变了，再打造一套非常完美的销售流程，就离成交就不远了。

如果你能始终保持状态好，那么做销售的时间越长，能力就会越强，你就越在状态。但是实际现实状况却是销售做得时间越长，越自以为是，越不在状态上。

销售员应该都有这种体验，当一个客户进店后，店里的老员工对新员工说这个客户肯定不会买的，就怂恿新员工去接待。最后客户真的没有购买，这个时候老员工得意扬扬地对新员工说，你看我说对了吧，他一看就不是来买东西的。

所以说并不是老员工看准了客户，而是因为他们在接待客户的时候没有好状态才导致客户不购买。我们要把握销售命脉，就一定要状态好，把相信客户会购买植入你的潜意识，相信他就是来购买的。

之前有一个卖酒的店员，他们的销售就是状态好，把一个原来只是来借用卫生间的人变成他们的大客户。

有一次，一个客户从高速上下来来到店里想借用一下卫生间，这个销售员就按照相信客户会购买的标准来接待他。先是引导客户去卫生间，之后递上纸巾擦手，然后还给客户一块西瓜吃。但是这个客户是有糖尿病的，结果吃完以后糖尿病犯了，他们把客户送到医院忙前忙后。一来二去，最后知道这个客户原来是地区的房地产老总。客户出院后直接找到他下单50万元，成为他们的大客户。

这就是相信的力量，当你相信客户就是来刷卡购买的时候，你的思想决定你的行动，你就会状态满满，保持一个好状态，客户也会被你的好状态感染，对你产生信任，有了信任后成交就不是问题。

当我们在客户面前呈现一个状态好的自己，让客户与自己同频，产生共振，从而把你当专家一样，这样，你在销售中就占据了主动地位而不再是被动。

相信公司能做大

作为销售员，我们内心必须要深信公司能做大，这样我们在工作时才能充满激情，自信地向客户推荐我们的产品，才能全身心地投入其中。试想一下，如果一个销售员自己都觉得自己的公司不行，职业发展没有前景毫无前途，那他怎么可能认可公司的产品，又怎么可能使用自己的产品；不使用自己的产品又如何能够了解产品的优缺点，充满自信地向顾客销售公司的产品呢？

你在公司成就的高低，很大程度上取决于你"相信"的程度，比如你是否相信你选择的这个行业、相信公司这个平台、相信这个老板、相信这个团队、相信自己能干出成果。

这就是一个循环的概念，作为一个销售员，我们必须相信公司能做大，相信我们自己做的事情是有意义、有前途能够给自己带来发展的，公司和自己是一个共同体，公司发展得好自己才能有好的发展，才能在销售中保持状态好，感染顾客。

世界著名的销售大师乔·吉拉德，被誉为"世界上最伟大的推销员"。他在15年里共销售了13001辆车，而且每次只卖一辆车。连续12年平均每天销售6辆车的世界汽车销售纪录至今无人能破。

他在经验分享中就提出要热爱自己的职业。热爱自己的职业，热爱自己的公司，他强调所有的工作都会有问题，所有的公司都会存在这样、那样的问题，但是如果你仅仅是跳槽的话情况会更糟。这就跟种树是一个道理，从种下种子的那一刻开始，你就要精心呵护它慢慢长大。你在一个公司做得越久，回报就会越多。

【战神案例】

金城服饰从2015年开始参加娄强老师销售战神课程，一直持续至今。每一次学习对于我们来说都是一次蜕变，我们的能力在每一次学习中都会经过一次飞跃成长。

当时我们有四个店，曾经也参加过其他课程的学习，但效果都不太理想。抱着试试看的态度，我们其中一个店报名了60名员工参加这个课程。通过学习，这个店当月业绩增长率达到了150%，业绩超其他店很多。这个课程现场都能出单，超级实用。通过这次学习，我明白了：学习很重要，学对更重要。

　　紧接着，我们每个店都陆续学习了这个课程。我们的员工从之前的三百多名发展到现在的1700名。金城服饰能发展得这么快、这么好，娄强老师可以说是我们最大的功臣，感谢娄强老师！

思考练习题

反观自己的销售状态,你觉得足够好吗?不足的地方在哪儿?列出你自己认为欠缺的地方并且写出一份改进计划,每天照计划改进,向状态好靠近。

_____

_____

_____

CHAPTER 2

第二章

销售策略

我们做事讲究策略，正所谓商场如战场，销售也需要有策略。

一个好产品 + 好策略 = 一个好销售

这是一个黄金等式，做销售没有好策略是做不好的。什么是策略？策略就是计策、谋略。一般是指可以实现目标的方案集合；根据形势发展而制定的行动方针和斗争方法；有斗争艺术，能注意方式方法。

策略就是解决怎么做的问题，所有的策略都是为了解决问题。销售策略就是能够实现达到销售目的的各种手段的最优组合。作为销售员，我们的目标就是好业绩，想要拥有好业绩就必须有好策略。销售策略必须是有针对性的，针对不同客户有不同的策略，这样的销售才能创造出好业绩。

销售发展路径：坐商——行商——电商和微商——播商

随着社会的变迁和进步，人类从农垦时代到现在的智能化时代，就连农

> 【L 强金句】
>
> 没有销售策略的销售只能算是瞎忙活。

作的方式都已经发生了天翻地覆的改变，不再是劳动密集型而是利用无人机等高科技产品来创造利润，销售的路径同样发生了颠覆式改变。销售从过去的"坐商"（开门店等客户上门）发展到"行商"（销售员出门找客户），互联网技术的到来让销售进入电商时代和微商时代，随着短视频和直播的出现，销售进入到"播商"时代，即直播电商时代。

2019年是中国经济史上极为特殊的一年，5G时代开启、P2P大幕落下，在这风云激荡的一年，直播电商在升腾，国盛证券在报告中把2019年称为"不折不扣的直播电商元年"。

传统以图文为主的表达方式被短视频、直播冲击着，由此催生出一批专门做原创内容生产的职业"网红"。

从消费者的角度看，线下购物和线上购物最大的区别就在于体验感，电商直播的出现正是对线上购物体验感的弥补。一支口红，色号描述和图文详情的呈现对消费者而言是冷冰冰的。而主播的试色、专业的推荐话术，给消费者带来更加生动形象的展示，增强体验感的同时，消费欲望也被最大限度的激发。

销售已经从最初的"行商"时代进入到5G时代的"播商"时代，反观我们处在销售的哪个阶段，如果你还在用农垦时期的思维来做5G时代的销售，那你应该多来销售战神课堂现场学习，多看几遍销售战神，通过听销售战神的课来改变自己的思维，找到自己做销售到底问题在哪里。

5G时代一定是短视频和直播为王，短视频和直播改变了过去销售员一对一找客户的被动方式，变成让多个客户主动来找我们，改变过去一对一地找别人让多个别人主动来找我们。

这一切的根源是要客户喜欢我们、信任我们，否则用什么样手段都做不好。

如何让别人喜欢我们，就是要以人为本，诚信为本，让客户喜欢，给别人带来好处。社群、互联网、微信、短视频、直播这些都是工具，要做到颠覆性改变，就要做到不是我认识多少人而是让多少人认识我，比如李佳琦和薇娅。2019年，是李佳琦和薇娅的"出圈"之年。在这之前，他们也火，只是关注度局限于淘宝的直播平台和固定的粉丝群中。而现在，他们的影响力从小众圈层直达大众视野，占据热搜的频率和影响力。李佳琦的一句句"Oh,my god，买它！""所有女生，注意一下……"像是战场上挥舞的战旗，率领千军万马在他的直播间扫货。他们就是"销售战神"精神的体现，攻无不克战无不胜，用自己的精神影响别人，滋养别人，让别人对他们的生活充满憧憬。

销售最高境界就是做到人品比产品更值钱，成为销售战神，战神就是一种精神。虽然我们成为不了大网红，但是在上门找客户前，我们可以让自己成为自己客户心中的"网红"，利用利他思维，用战神精神影响客户，让客户与我们成交。

想要成为销售战神，我们就要把客户进行分类，针对不同客户采取不同的销售策略。我把客户分成陌生客户、准客户、老客户和大客户。针对这四类不同的客户制定不同的销售策略，用哲学思维来讲就是具体问题具体分析，逐个击破。

销售不是我认识多少人，而是多少人认识了我。

针对陌生客户的策略

当今的市场竞争，如果销售员还像以前一样坐等陌生客户上门，那无异于是在等"死"。在家等客户上门的时代已经过去了，今天的市场竞争要求我们必须走出去寻找客户、开发客户。过去的销售通过发传单让客户知道有折扣、优惠，吸引顾客上门，今天这套已经完全过时了。在今天生活节奏如此之快，每个人的时间都是宝贵的，很多人甚至都不愿意接受传单。那么，我们如何建立与陌生客户的连接与纽带呢？

可以想一下，在我们的日常生活中每天早上睁开眼睛后第一个要找的东西和睡觉时最后放下的是什么，答案当然是手机。如今，手机就是最好的营销工具，一部手机就是一个店面，一个微信就是一个团队。微信营销相信大家已经不陌生了，你的朋友圈肯定有不少微商，有的微商一年可以赚几十万元甚至几百万元，很多客户跟他可能都没见过面，但是就是天天用微信沟通，与陌生客户建立了连接，维系了感情，通过朋友圈或者微信群的互动，就像是认识很久的老朋友一样，这就是用好手机微信的强大效益。

在互联网时代，销售也要跟上时代潮流，要做社群。对于陌生客户，我们要采取社群营销加上门拜访的策略。

我们要善于用微信先跟客户做好情感连接纽带，营造一种相熟的沟通氛围，为接下来的上门拜访做好铺垫，这对我们的上门拜访是非常有利的。上门拜访时我们必须要用利他思维进行沟通，第一次见面切忌一开口就推销产品，讲产品特性、产品性能，这样很大程度会导致拜访的失败。

此外，利用短视频、直播和抖音这些工具，做好自己的垂直吸粉，让客户成为我们的粉丝，用你的战神精神滋养、影响客户。

> **【L强金句】**
>
> 销售不仅是感觉活儿，还是技术活儿，不仅是技术活儿，更是个艺术品。

做好社群营销

社群营销实际上是会销的升级版，会销成本太高，而社群营销不需要太高的成本就可以实施。那么，销售员如何利用好自己的手机微信进行社群营销呢？

1. 通过微信跟客户互动，让客户变成你的粉丝

如何用好微信是一门学问。通过微信加为好友，精准加粉和精准成交之间差的就是互动。

很多人通过送小礼物的方式加客户微信，加完微信后就开始发广告骚扰客户，或者是加完客户后跟客户没有任何互动，你们之间都从来没有打过招呼，也不发红包。你也不关心对方，也没有问候，只有骚扰。

这样加微信就是失败的，也是赤裸裸的功利，就是只有收割行为，所以也就不会成功。被人设置了消息免打扰是人家给你面子，不给你面子，直接拉入黑名单。

因此，当添加了客户的微信后，我们要通过微信跟客户做情感维系，通过客户的微信朋友圈了解客户的信息，一定要做个有心人，留意你的客户，了解他们的生活。微信有个备注功能，把你了解到的都写进去，生日、有几个小孩、小孩几岁，等等，得人心者得天下。

多次互动，让客户认识你、关注你，最终成为你的粉丝。客户只有成为你的粉丝后，你才能留住客户，不然加再多的微信也只是你微信好友中多了一个人而已，产生不了任何价值。当我们加了别人微信后，我们要懂得换位思考，和别人互动，加深情感链接。

现在很多人都在研究如何挖掘实体店，如何跟实体店合作，达到线上线下结合的销售目的。如何让实体店迅速裂变，很多人都在追求一个"快"字。我想告诉大家，这个世界没有速成的，所有的速成都是不靠谱的，成长得有多快，"死"得就有多快，而真正靠谱的就是一份用心。

我们来看一个销售员的真实案例。

有一个销售员去逛街，这不只是逛街，还是吸粉的过程。所以一般情况都会挑选，比如这家店铺有没有创意，老板是不是一个聪明人，是不是具备了真正的高情商，如果都有，那就值得去挖掘。她发现了一家很不错的卖酸奶的店，他家的店很用心，酸奶是纯天然的，同时他们会放一些奥利奥、水果和坚果，水果的颜色都不一样。她就觉得这个老板很聪明，能抓住商机，有眼光。

她看上这家店，觉得老板很优秀，于是带着孩子买了他家的酸奶。

然后，她又拍了很多孩子吃酸奶的照片，很开心的样子，接下来就夸老板说你们家的酸奶真好喝，特别棒，顺便这位销售说可以帮店老板推荐一下，她朋友圈的粉丝比较多。

说完这句话以后，老板就没忍住地说，那我可以加你微信吗？其实加粉的最高境界就是被动吸粉，让别人加你微信。真正的高手就是用自己的吸引力法则，什么是吸引力法则？人家是卖酸奶的，你就去当客户，你就买人家的酸奶。你懂得给人家拍照片，懂得给买家秀，这就是高手的表现。

> 【L 强金句】
>
> 客户买你的账才会买你的单。

紧接着在付账的时候，老板报价说酸奶 18 元，这时你转账了 20 元。

老板说，你多转了。这时说故意多给你的，我是来支持你的，你这个店很不错，很有创意，祝你生意越来越好。用 2 元钱购买了一个人的欣赏以及好感，这个多值！很多人花钱去买"粉丝"，你买的多数都是"僵尸粉"吧，并且互动次数特别少，人家对你都没有印象。

她在朋友圈帮这个老板做了一个宣传性的广告，说他们的店铺位于哪个商场的几楼，口感非常不错。老板本人看到以后特别感动，后来就经常微信私聊，也会关注朋友圈。

记住一句话，你对别人好，别人就对你好，这是照镜子的心理原则，也就是说你给了别人想要的，别人就会给你想要的。所以很多人的动作都是骚扰以及收割的行为，我并不建议去做。

学会对别人有价值，别人才会对你有价值。这都是个人魅力的范畴，付钱的时候多给，利他思维，主动拍买家秀给对方。

2. 社群裂变

线下实体店当下最大的弱势在于缺少客流量，那么流量在哪里呢？实际上流量就在移动互联网上，在每个人的手机上。销售员要善于用你的手机，一部手机运营的好就相当于一个店面乃至一家公司甚至一家集团。

何为社群裂变？如何把社群裂变？

作为线下实体店的销售员，我们可以把每一位进店的客户变为你的微信好友，同时建立微信群。通过奖励机制吸引客户拉好友进群，让群内的人数迅速增加。

为了让社群进行裂变，鼓励进群的人产生消费，如果你拉进群的人消费成功，那么引荐人会获得相应的奖励，这样的奖励机制就可实现社群裂变，让社群变现。

3. 播商是销售未来的新风口

要理解直播电商的火爆，我们不妨从它解决的实际问题，以及这个过程中各个参与方的变化和利益诉求进行拆解。从整个零售业的大背景看，线上流量见顶，电商平台在经过了爆发式增长后迎来平稳发展期，商品的极大丰富让人、货、场三要素在线上平台被重构。之前，用户在电商平台上通过搜索的方式寻找自己想要购买的产品，这属于"人找货"。商品的极大丰富，电商平台日益激烈的竞争，让"人找货"变成了"货找人"。无论是之前的信息流广告，还是如今的电商直播间，本质上都是"货找人"的产物。

所以销售员要在5G时代通过短视频、直播和抖音这些工具，最大限度地把自己和产品曝光在消费者面前，把销售员找客户变成多个客户来找销售员，这就是战神精神的影响力。

做播商时，可以将社群流量导入直播间。直播不应局限于一个或者几个直播软件，可以从上百个软件中挑选出二三十个直播软件，这样就可以吸引较大的流量。

那么如何做好直播呢？这里有以下六点建议。

（1）多加训练，敢于做直播

在做直播前，一定要多加训练，训练语气、语速、表情等，调整心态，在直播的时候不仅要敢于讲话，还要让别人听得舒服。

（2）讲对别人有帮助的内容

在直播时，你讲的内容除了产品卖点，必须要对客户有所帮助。

（3）内容要聚集

做直播时，每次直播时讲的内容不宜太广泛，内容要聚集在一个方面，比如卖衣服的人可以专门讲衣服颜色的搭配。

（4）语言表达方式要讨目标消费人群喜欢

（5）聚集一个产品

在直播时，每次直播只讲一个产品，把这个产品讲透，只卖一个产品。至于如何把产品讲好讲透，还是遵循讲案例讲故事的话术模板。通过案例、老板的初心、客户的故事和直播者自己的故事打动客户，刺激客户消费。

（6）制定营销方案

A. 赠品营销（买一送一）

B. 真情营销

C. 现实营销

比如买一赠一的活动只有三分钟，在直播间反复强调唯有三分钟的购买时间，并且到时间后准时下架。

D. 限量营销

比如直播间有 30000 人在线，商品限量 300 份的购买量。

E. 夸张营销

在直播间直接喊"某某买了五份，某某买了三份"，等等。

（7）最后把线上客流量引入到线下实体店，增加客流量，这就实现了社群流量与直播间流量互相导入的闭环，最后实现实体店的客"留"量。

保持利他思维上门拜访

进行社群营销后,我们需要上门拜访陌生客户。拜访陌生客户是销售中最具挑战的一部分,很多销售人员在拜访客户时遭到拒绝,灰心丧气。实际上拜访客户是有策略的,是可以学会的(如表2-1所示)。

很多情况下我们认识客户但是客户不认识我们,我们就处于被动。通过微信互动后,我们在上门拜访时可以将被动化为主动,让客户主动认识我,你可以告诉客户我是群里的某某,这样至少拉近了你和客户的距离。

表2-1 陌生客户跟踪表

客户姓名	客户电话	短信频率	电话频率	拜访频率	拜访理由	拜访方式	拜访结果	下步策略	何时成交

通过加客户微信后，我们可以提前了解要拜访客户的朋友圈，做好客户信息管理，这样在拜访客户时能够有所准备。

上门拜访客户的策略就是要始终保持利他思维。千万不可以在一见面就开始迫不及待地介绍自己的产品，迫不及待地希望客户购买我们的产品。当你一开口就进行销售的时候，客户会很反感，直接说"我不感兴趣"或者"我现在还不想买，等买的时候再找你"，直接就把你拒绝了。

我们来看在销售战神课程上学员的现场实战，针对学员的实战来给出如何改进的建议。学员在上门拜访前已经微信和客户互动过，并且了解到客户是卖奶粉的。

学员实战案例（A 是销售人员，B 是客户）。

A：王总，您好！我在微信里跟您联系过，您还记不记得？

B：我不记得。

A：不记得没关系，我是做诺贝尔瓷砖的，同时我也是一名设计师，您家有任何家装问题都可以找我，不买我的产品没关系，我可以免费解答。我看您家瓷砖也马上要进场了，您也可以了解下我们产品。

B：瓷砖我已经定好了，谢谢！

A：好的，那我走了，再见。

我们来分析一下上面这位学员上门拜访时与客户的对话。做得比较好的是之前和客户微信沟通过，但是客户依然不记得他。结合前文，我们可以看到这个学员的第一句称呼没有缩短自己与客户的距离。如果客户叫王明，当你上门拜访时，你可以直接称呼明哥，这是特指，这句称呼一出来就拉近了

> 【L强金句】
>
> 希望虽然很渺茫，也是市场养爹娘。我不是和客户在一起，就是在见客户的路上。

很多距离。

接下来，这个学员虽然口头上说不买我的产品我也可以免费给你解答，但是接下来马上就让客户了解自己的产品。

最后，客户只是说了一句我已经定好了他就直接放弃了。殊不知客户这句话可能不一定是真实的，只是他对你一开口就推销产品的反感，拒绝你的购买邀约。不要把客户的拒绝当作是销售的失败。实际上，顶尖的销售员都明白客户的拒绝才是销售的开始，客户的拒绝只是短暂的犹豫并不代表他们就不接受你的产品和服务。当客户拒绝时，销售员要学会转移话题。

下面我们来演示一下这个学员正确的拜访对话。

案例示范（A是销售员，B是学员）。

A：明哥，我是诺贝尔瓷砖的，我在微信里跟你联系过，我叫娄强，有印象吗？

B：你好。

A：你是做奶粉的噢，我们接触的客户呢大多数都是装修好用来做婚房的，装修完之后结婚生小孩的居多。我们好多客户生完小孩后就苦于找不到安全的奶粉，可以找你购买吗？

B：可以呀！

A：你们奶粉安全吗？

B：肯定安全呀！

A：现在好多奶粉都被爆出有一些不合格的添加剂，你们家奶粉没问题吧？

B：你放心好了，我们家的肯定不会存在这些问题的，都是正规厂家生产，全程可溯源的。

A：你做奶粉几年了？

B：五年了。

A：那你是专业的，专家级别了，我做瓷砖才三年，跟你比我还是初级的，还需要不断学习。但是我们客户很多，而且都是高端客户，买了房子装修用我们这个砖的都是有钱人。你家砖买了吗？

B：没呢。

A：那你需要的话我可以给你介绍下我家的瓷砖。

B：可以呀，在哪买都是买。

从上面的案例示范中，我们就可以看出客户在聊到最后就想主动加销售员的微信，希望能够给他介绍买奶粉的客户。

为什么客户和之前的反应截然不同？原因就是利他思维。当你上门拜访陌生客户，见到客户后不要只想着把自己的东西卖给他，一张嘴就给客户介绍产品知识，一定要有利他思维，聊一些对客户有利的话题，给客户带来好处，这样才能消除初次见面的距离感，打破客户的自我防范意识，客户才愿意继续和你聊下去。

另外，在你和客户聊天的时候你要说别人家产品不好再用反问的方式激发客户的诉说欲，让客户说出自己产品的优点，客户越说越得意，一得意就忘形，这样你就有机会和客户走得更近一步。

最后，借用一切可以利用的资源来给予客户可帮助的内容。因为本身就是陌生客户，你们互相之间不熟悉，那么销售最初卖的不是产品，而是信任。只有在建立了客户对你的信任之后客户才会考虑买你的产品，一切的成交都

> 【L强金句】
>
> 销售是什么？销售就是我比产品更值钱。

基于信任之上。要让客户信任你，首先你要真诚，真心实意地利他，有些销售员为了成交而伪装自己，并不是发自内心地想要帮助客户，这样的销售员往往业绩越做越差，因为伪装的真诚迟早会被识破，时间是检验一切的最好标准。当客户发现你是伪装的之后他对你这个人都是厌恶的，更别提再次购买或者介绍客户，相反地，他会跟周围的人说不要找你买东西。

所以要真诚地利他，建立客户对你的信任，拜访一次并不等于结束，要记住拜访三到五次后才是成交的开始。

接着上面的案例，我们来示范一下如何自然而然地拜访三到五次，既不做作又让客户对你开始信任。

在上面的示范中我说了有好多对奶粉有需求的客户，那么你就要开始给客户介绍一个买奶粉的客户。比如我这正好有一个客户，马上要生孩子了，但是他们家里人现在对小孩的用品还一概不知，很迷茫，你能不能帮他们配一下？

第一次拜访你就给客户介绍了一位他需要的客户，你和客户之间的距离就拉近了很多。

第二次拜访的时候你就可以把对奶粉有需求的客户亲自带去，你作为第三方介绍人给她带客户上门。

第三次你可以问一下你介绍的朋友购买的情况，如果买了，客户内心对你肯定是充满感激；如果没买，你可以去问下情况。

第四次你就可以把你朋友的情况告诉她，你亲自去客户那边反馈下结果。

这样一来，不管你介绍的人是否购买，客户依然会感激你的介绍并且三番五次地帮他持续追踪。你们的距离就近了，化解了客户一开始对你的抗拒。

所以说销售员要真诚地利他，保持利他思维，建立和客户之间的信任基础，这样客户就解除了对你的防备，把你当作可信任的朋友，这才是成交的开始。

不要想一次就把客户搞定，不要用自己的品牌当成与客户谈判的筹码，更不要在陌生客户一上门就说我们在搞活动，搞促销，这样一听就是想赚客户的钱，客户就会被吓跑。当你跟客户见面拿自己的品牌当成与客户谈判的筹码时，你一开口就说："我是××专业人士，我们家品牌知道吗？我们家这么大牌你没听过吗？"客户肯定扭头就走。

这些都是源于你与客户不熟悉，销售员想当然地认为只要说搞活动，价格够低，客户就会购买。实际上不是这样的，你们不熟的时候你开口就推销，客户只会觉得你就是想赚我的钱而已。

综上，在跟陌生客户接触前，首先通过微信与客户互动，建立初步地连接；其次，在上门拜访时必须真诚地利他，保持利他思维；最后，拜访一次不等于结束，三到五次才是成交的开始。建立客户与你的信任机制，让客户认可你，相信你，做到我比产品更值钱。

销售说难，其实也简单，只要你愿意持之以恒，坚持不懈地做，坚持拜访客户，你就能成功。

销售就是一场真实的较量，必须学会享受客户对你三番五次的折磨，保持一颗平常心，不管客户如何都要不急不躁，客户没刷卡你也要淡然处之。在没成交之前客户喜欢折磨你，但是成交后客户就顺了。当你面对客户时要能够保持一颗平常心，客户自然就没有想要和你对抗的理由，反而觉得你人品很好，服务好也够专业。

总而言之，销售还是对人性的理解和把握，了解人性销售自然就变得简单。

【战神案例】

我叫单雷，2012年进入教育培训行业做销售，2013年我第一次学习销售战神课程，截止到2018年底，在这六年中我先后学习了28次销售战神课程，我从最普通的销售员成长为一名"战神"，成交了服务国内散酒行业第一名的百老泉酒业，最终成为一名辅导企业优化销售流程的销售老师。

2013年我带着三十多位学员一起学习销售战神，我当时收获最大的是成交客户必须提升销售能力，通过践行利他思维，我开始进入客户的企业做免费的分享。改变了过去打电话邀约的模式，先付出，结果成交客户越来越容易，成交的体量也越来越大，在2015年成交了中国散酒行业第一名百老泉酒业，他有着20000多家门店，三年时间，百老泉酒业累计近700位经销商报名销售战神，来到现场学习课程。

2017年9月，A股上市企业梦洁家纺全国三大区域总监在武汉考察销售战神，课程现场他们就想请娄老师给梦洁全国经销商讲专场，可因为娄老师课程排满了，没有档期最终没能合作，梦洁集团培训部经理还埋怨我没有做好工作。

现在娄强老师把销售战神课程做了升级，我坚信课程一定能帮助更多企业提高销售业绩，让销售人员不但收入提升，还能得到客户的尊重和信任，我也有责任让更多人可以学习"战神"，成为"战神"。

思考练习题

1. 你平时是怎么做社群营销的？根据这小节讲的方法做一个自己社群营销的方案出来，马上行动！

_____
_____
_____

2. 请你现在准备一份你需要上门拜访的客户清单，并且利用利他思维准备好话术。

_____
_____
_____

销售战神拜访表

拜访时间	拜访目标	面谈者	商谈内容及问题	商谈结果	存留异议	解决预案	结束面谈时间	下次计划时间

针对准客户的策略

面对你的准客户，不要总想用产品好、价格低来说服顾客成交，因为这只是你认为的客户会成交的理由，客户并不这么认为。那么如何让准客户成交呢？一是我们要识别客户需求；二是采取策略，简单地说就是一个字——"泡"。

准确地识别客户需求

面对准客户，我们要先了解客户的需求，不了解客户需求你就无法将销售往前推进。在我们的日常销售中，销售员经常会用产品好、价格低来促成客户成交，殊不知这只是你的理由，并不是真正能激发客户购买行为的原因。销售员必须意识到客户购买产品的真正理由。

客户购买产品的原因多种多样，那如何才能准确识别出客户的需求呢？

我们要提出尽可能多的问题来识别出客户购买你的产品的原因。在销售员的日常中，很多销售员非常喜欢讲自己的产品"是什么"，看到客户就说自己的产品是怎么生产的，在生产过程中使用了哪些技术如何特别。但是客户听到这些后往往是不以为然，对客户来说你只是王婆卖瓜自卖自夸。

我们要改变这种思维模式，在销售中，我们要清楚客户不在乎你的产品是什么，他在乎的是你的产品能为他带来什么，能否满足他的需求。我们要学会提问，通过问题挖掘客户需求，找准客户购买的需求点，给客户一个对口的购买理由，激发客户的购买欲望。如果你识别出了客户的关键需求，就可以针对他的需求来推荐你的产品，这样客户的成交率就提升了。

很多销售员见到客户第一眼后就说，我们这款产品特别好，我觉得特别适合您。结果客户抗拒不买单了。为了避免这种尴尬，我们必须要改变陈述产品功能的方式，用提问的方式识别出客户购买的真正需求。

我们来看一个卖苹果的案例，你就明白了。

一位老太太去买菜，路过水果摊，看到有卖苹果的商贩，就问："苹果怎么样呀？"商贩说："我的苹果特别好吃，又大又甜！"

老太太听了商贩的话后摇摇头就走了。旁边的商贩见状问道："老太太，您要什么苹果，我这里品种很全！"

老太太说："我想买酸点的苹果。"

商贩答道："我这种苹果口感比较酸，您要多少斤？"

老太太说："那就来一斤吧。"然后老太太继续在市场逛，好像还需要买什么。

这时，她又看到一个商贩的苹果很抢眼，又大又圆，她就走过去问："你的苹果怎么样呀？"

商贩答道："我的苹果很不错的，您想要什么样的苹果呢？"

老太太说："我想要酸一点的。"

商贩接着问："一般人买苹果都是要大的甜的，您为什么要酸的呢？"

老太太说："儿媳妇怀孕了，想要吃酸的苹果。"

商贩说："老太太您对儿媳妇真是体贴啊，将来您儿媳妇一定能给您生一个大胖孙子。几个月以前,这附近也有两家要生孩子,就是来我这里买苹果,您猜怎么着,这两家都生了个儿子。您想要多少苹果?"

"我再来两斤吧。"老太太被商贩说得特高兴。

商贩接着对老太太介绍其他水果,他说:"桔子也适合孕妇吃,酸甜还有多种维生素,特别有营养,您要是给儿媳妇来点桔子,她肯定开心。"

"是嘛,那就来三斤桔子吧。"

"您人可真好,儿媳妇摊上您这样的婆婆,实在是太有福气了!"商贩称赞老太太,又说他的水果每天都是当天进货,当天就卖光,保证新鲜,要是吃好了了,让老太太再过来。

老太太笑得合不拢嘴,提着水果高兴地回家了。

上面这个小故事中,我们可以看到第一个商贩直接介绍自己的苹果,不管老太太的需求,结果他说的产品特点与客户的需求是相悖的,客户直接离开了。

第二个商贩了解了老太太的需求,但是没有再次提出有效的问题,没有进一步挖掘老太太的需求,结果卖出了一斤苹果。

第三个商贩就是成功的销售员,善于通过提问准确地识别客户需求,同时了解老太太的心理,通过赞美客户让客户高兴,识别出客户需求后又讲其他客户的案例,成功地击中了老太太想要孙子的心理,接着开始推销他的产品,老太太很开心地买了水果回家。

然后,还要学会倾听。当客户感受到你在认真倾听的时候,他的自尊会加强,他感受到被人尊重,从而才会喜欢你。在你和客户的一问一答的过程中就是在向你诉说自己的需求，销售员要学会倾听，不要打断客户。很多销售员只管自己说，从来不听客户说什么，客户还没说完就急于打断，这种行为会给客户不被尊重的感觉，影响客户对你的信任。另外，不认真倾听客户的话就无法从客户的表达中掌握有用的信息来了解客户真正的需求。倾听是销售员的必修课，所有业绩高的销售员都是善于倾听的人，他们把所有的注意力都放在理解客户的想法、感受和需求上，倾听之后才开始销售。在倾听客户的同时，脑子的思考速度要跟上语言，快速运转，寻找到对销售成交有用的信息，了解客户购买的原因以及不购买的担忧。

通过准确地识别出客户需求后，你可以告诉他购买了你的产品后就能满足自己的需求，而且买了之后绝对不会亏，不会买错更不会买贵，不买的话就是一种损失。

空客的销售总监约翰·莱希，在空客创造的总业绩是23年平均每天卖出两架飞机。他在销售中就非常善于准确地识别客户的需求。

有一次，向美国西北航空公司推销A320，莱希按照事前准备，把这款机型的基本特点说了一遍，耗油少，载客量大，但是对方却并不感兴趣。

很快莱希想到，他对面坐着的这位负责人奥斯汀是飞行员出身，有25年的飞行经历，然后才成为高管，说飞机整体性能是无法打动这位负责人的，因为他大部分时间都在驾驶舱工作，如果介绍驾驶舱的特点，说不定可以引起他的共鸣。

于是，莱希开始对驾驶舱的操作性和舒适性大谈特谈，常年待在狭窄的驾驶舱，受噪音摧残的奥斯汀一听到这些眼睛都亮了。就这样，一张28架A320，价值25亿美元的大单就拿下了。

准客户要去"泡"

面对准客户，我们要每天频繁地发信息打电话约见面，像泡酸菜一样，不管是什么菜往菜坛子里放，三个月后全都统称酸菜。

高频率"泡"客户，这个策略里有三层含义。首先，你要"泡"客户，要用谈恋爱的精神去"泡"；其次，频率要高；最后，要聚焦一个客户，就像谈恋爱一样，脚踩两只船的时候最终两只船都会翻。在平时的销售中，我们经常遇到这种情况，当你在接待一位客户时，本来聊得还不错，接着又进来一位客户，销售员把之前的客户晾在那去接待这个刚进来的客户，结果就是第一位客户走了，第二位客户也跟着走了，这就是因为销售员不够聚焦。客户体验很不好，于是客户就走了，而新进来的客户看到前面的客户走了必定也会跟着走。

高频率地"泡"客户就要做到一天三条信息，两天一通电话，三天一次见面。谈过恋爱的人应该都清楚，当你想要追一个人的时候，你必须频繁地给她发信息、打电话、约见面，不停地出现在她的生活中。

一天三条信息。销售也是一样，针对准客户，你要不断地跟客户聊，发信息发微信，不管客户回不回，总之你要高频率地发给客户，让客户想看不到你的信息都难。一天三条信息，信息以短为主，抬头有称呼，内容有帮助，结束有署名。内容可以发养生、路况、天气、新闻和产品知识。你不用担心客户会反感，客户最多就是感觉你比较固执，比较坚持。当你坚持发三个月后，突然有一天你不发了，客户反而不习惯了，因为他已经习惯了接收你的信息，他的肌肉记忆被唤醒了。

两天一通电话。除了每天定时定量发信

【L强金句】

销售好比谈恋爱，成不成交我都来。

息，你还需要保持两天跟客户通一次电话的频率。打电话时不要张口就销售产品，用优惠活动这些套路来跟客户交流，主要目的就是让客户知道你的存在。

三天一次见面。在信息、电话的高频率进攻后，销售员就需要与客户进行会面，找个合理的借口与客户见面，有事来一趟，没事来一趟，有事没事再来一趟。前面我们讲到要利他思维，而且三到五次才是成交的开始。这用在准客户上同样适用，当你和客户三到五次的互动后，你们的了解和信任就逐步加深。当你足够坚持，高频率地出现在客户面前，这就是成交的开始。当你和客户发信息打电话见面达到高频率的时候，聊得非常火热的时候就要马上成交，此时你只需要说刷卡吧。多说一句都是废话，而且在高频率的时候错过一次成交机会就错过一辈子。培养信任后要大胆成交，不要不好意思开口，很多销售跟客户了解越多关系越好越不好意思开口成交，最后被别人成交后悔不已。该成交的时候不敢成交，不该成交的时候想成交，结果如何能够做出好业绩？

此生不要让我认识你，认识你势必成交你

做销售就是要下定决心，比别人更坚持，要有此生不要让我认识你，认识你势必成交你的坚定信念，要坚持不懈地去做，销售业绩势必会提升。

很多人做销售没有这种持之以恒的决心，没有把销售做成一种生活习惯，而是想起来就给客户发一条，想不起来就算了。当你不够坚持的时候，你的销售就做不好，就是因为你没有让客户的习惯因为你而改变。

销售从来都不是产品与产品的差距，而是销售员精神的差距。销售必须专业化、国际化和职业化。做销售，必须坚持，比别人多坚持一会可能你就成功了，销售员从来都不是最优秀的人做得最好，而是比别人多坚持一点、多努力一点的人才会成功。差距不在十万八千里，而是那毫厘之间。如同谈

> **【L 强金句】**
>
> 此生不要让我认识你,认识你势必成交你。

恋爱,可能就是因为你比其他人坚持,结果你就赢得了爱情,销售也是一样。

我自己亲身经历的一件事情,这个销售员让我见识了什么是坚持,而且让我写下"此生不要让我认识你,认识你势必成交你"这句话。

之前有个销售一直打我的电话,我一接电话就知道他是谁,而且我非常烦他,具体打了多少次我没数,总之在我的印象中是非常多。

有一次,我就跟他说,你不用打了,也不用说了,我是讲销售课程的,我给你个忠告,你这样死缠烂打是没有用的,客户不仅不会购买,对你的态度也是非常反感的。他说:"娄先生,我知道。我打了你这么多次电话,被你骂过被你挂过,但是没关系,你挂了后我会接着换其他的电话号码打。"我说,"你不要白费力气了,我不会购买你的产品的,但是如果你来听课的话可以报名。"结果他还真来了,在中场休息的时候他特意来找我,说:"娄老师你好。"我问他是谁,他说:"我就是那个给你打了很多电话被你挂过也拉黑过的销售员。"我说:"你居然真的来了。"我心想为了我这单能成交居然花钱报名来听我的课,确实不一般。他说:"娄老师你知道我打了你多少次电话吗?"我说:"具体多少次我不知道,总之很多次。"他说:"我每打一次电话我们说了什么我都记录下来了,已经打了 82 次电话了。在我们公司,在培训的时候,培训师和我们说过认识我不买我的产品没关系,十年之内你都摆脱不了我对你的'骚扰'。"我说咱俩认识几年了,他说咱俩认识才三年。我说什么意思呢?他说:"意思就是说为了避免未来七年内我对你的'骚扰'，今天我把产品带来了。"

这个销售为了卖产品能花钱报名追到课堂上来,你说你买不买？

我就问他卖什么产品，结果他拿出了安利蛋白粉，他说："娄老师,你天天讲课需要我们的蛋白粉产品来保养身体。"我说："卖安利的到处都有。"他说："是的，卖安利蛋白粉的确实有很多，但是像我这样能打82次电话还追到课堂上的人只有我一个。"于是，我当场立马就刷卡。

刷完卡后我被他震撼了，当即就在我的本子上写下了这句话："此生不要让我认识你，认识你势必成交你。"

这个销售员就是有足够的坚持，而且有势必成交的决心和毅力，在客户心中留下了我的存在无可替代的印象。

在这个案例中，这位销售员在经历过82次电话沟通失败后仍然能够继续坚持，可见他的内心是非常强大的。

当面对客户的拒绝和抗拒时，很多销售员就开始退缩，选择放弃，久而久之，自信心遭受到沉重的打击，甚至会觉得自己不适合做销售。这就是大多数销售员平庸碌碌无为的原因。

销售中有一个著名的帕累托法则，即80/20法则。意思是销售人员中，最顶尖的20%挣走了80%的钱，剩下的80%的人只挣到了20%的钱。这个法则同样适用于顶尖的20%，在顶尖的20%销售人员中的前20%即顶尖的4%的人，挣的钱占前20%销售人员总体收入的80%。因此，销售员的目标应该是成为前20%，甚至那4%中的一员。要成为顶尖的销售人员，势必要高频率地"泡"客户，内心要有"此生不要让我认识你，认识你势必成交你"的强烈而坚定的信念，你才能成为销售战神。

【L强金句】

老板让事情变得好做，员工才能把事情做得更好。

【战神案例】

我是邹爱华，是河南婴小萌商贸有限公司董事长。

2008年我开始经商之路，主要做奶粉批发，但是创业没多久就爆出了三鹿奶粉三聚氰胺事件，虽然当时我卖的产品中没有涉及三鹿奶粉，但是受这个事件的牵连，销售业绩很差，还遭人嘲笑和讽刺。

直到2014年，我有了自己的门店，但是我还是不知道怎么管理和销售，非常苦恼和迷茫。后来我碰到娄强老师，来到销售战神课堂现场，娄老师说"销售就像谈恋爱，成不成交我都来。"这句话对我影响深远，直到现在我依然在践行这句话，包括我的员工们。

通过两天的学习，我感受到了现场的力量，浑身是劲，回到我的门店后我开始听话照做，讲究方法，把客户当朋友，给客户送小礼品，感动客户。

目前，我有18家直营连锁店，公司有60多位员工，每年我都带员工云学习销售战神，员工也受益匪浅。客户家孩子生日员工会自发地送蛋糕和祝福，让客户感动转介绍客户。2019年营业额突破了3000多万元，2020年我们的目标是一亿元的销售目标！

销售就是不断给客户创造惊喜，带来幸福感。

思考练习题

1. 你在销售过程中能够准确把握客户需求吗?如果不能,想想如何改进?

_____

_____

_____

2. 列出你的准客户名单,立即行动!给自己一个目标,今晚必须出单。

_____

_____

_____

新客户跟踪表

客户姓名	客户电话	短信频率	电话频率	拜访频率	下步策略	何时成交	产品名称	成交金额

针对老客户的策略

每一位老客户都是一座宝藏，我们发现业绩提升最快的销售员靠的都是老客户，因为老客户对你是信任的，相信你的人不管你卖什么他都买。

数据表明老客户是一座宝藏

我们通过一组数据就能清楚地知道维护好老客户有多重要。研究表明，争取一个新客户的成本是留住一个老客户的 5 倍；向老客户再次销售的难度是新客户的 1/7；一个老客户贡献的利润是新客户的 16 倍；每个客户后面有 250 名顾客；老客户可以直接转介绍 25 名新客户；所有成功的业务员 5 年后成交的客户 80% 是老客户，10 年后成交的客户 100% 是老客户。

成功的销售人员之所以成功，就在于老客户关系维护得很好，企业想要不断地向前发展更上一层楼，老客户也是关键。

250 定律

乔·吉拉德被称为"世界上最伟大的推销员"，在他 15 年职业生涯中，通过每次只卖一辆车这种零售的方式总共卖出了 13001 辆汽车，创造的汽车销售最高纪录至今无人打破。根据研究，他 65% 的成交量都来自老客户，经营维护好老客户是他成功的重要法宝。

乔·吉拉德提出250定律，他认为每一位顾客身后大体有250名亲朋好友。如果你赢得了一位顾客的好感，那就意味着赢得了250个人的好感，反之，如果你得罪了一名顾客，也就意味着得罪了250名顾客。

因此，作为销售员，我们必须从现在开始，维护好自己的老客户，挖掘出老客户身上蕴藏的宝藏。

那么，针对老客户的销售策略是什么呢？答案很简单，老客户靠感动，感动老客户是需要成本的；如何挖掘出老客户身后蕴藏的宝藏呢？那就是大胆地要求转介绍。

如何维系老客户

老客户是需要用心来感动的，我们都知道，中国是一个讲究人情的社会，只要感情到位了，关系好了，其他一切都不是事。与老客户维持好关系，赢得他们的信任和认可，这样老客户才会成为你们的回头客，并且愿意为你树立口碑，介绍新客户。

IBM是全球最大的信息技术和业务解决方案公司，在2009年的时候，IBM的销售额从100亿美元暴增至500亿美元。成功的秘诀就在于他们善于留住老客户，IBM为了满足回头客，赴汤蹈火，在所不辞。

公司如此，销售员也是如此，老客户是公司和销售得以长期发展的坚强后盾，没有老客户，不断开发新客户，是一件舍本逐末的事情。

那么如何感动老客户呢？针对老客户，我们要了解客户生日、结婚纪念日及家庭或公司的重大事件等，这一系列的信息都是你感动老客户的情报，举例来说，当客户过生日的时候你能够打一通电话并且亲自送一个生日蛋糕到客户手上，客户会不会很感动？当客户的结婚纪念日到了，你能够精心给客户筹划一个结婚纪念日，让客户感受到满满的仪式感，客户会不会很感动？

【战神案例】

我是金辉云酒货仓的凌莉，在 2013 年加入金辉。作为一名销售，当时的业绩很平淡，一个月销售业绩只有 1000 元左右。2014 年一次偶然的机会，我的老板带我去学习了销售战神，学完之后业绩翻了一倍，后面又复训了很多次。到目前为止，销售战神学了多少次我已经不记得了。

2015 年的时候，当时上了娄老师销售战神的课，娄老师在讲到客户生日这个点时，当天我翻朋友圈，发现正好是我们的一个大客户的生日，于是我立马安排我店里的同事给她送去了一束鲜花。虽然我没有亲自去送，但是客户也非常感动。没过多久客户就把这个订单完成了，也没有过多的纠结价格。她说这是她第一次收到女生送的花，很感动。

我一直就是用娄强老师的感动客户这个战神精神，一直践行娄强老师的销售战神，最终从 1000 多元的销售业绩，升到了 1 万多元。2018 年的时候，我成为公司的销售冠军，公司还奖励了我一辆车。

我是销售战神的见证者同时也是受益者。

很多销售人员会说，我工资就那么多，哪有那么多钱给客户过生日、筹划结婚纪念日。这就是你的思维局限了你的格局，感动老客户不是靠嘴上说的，必须是要有行动，那就必须付出成本，感动老客户是需要付出成本的，没有舍哪有得，不舍得花这个成本去不断开发新客户的销售员，业绩肯定不会高。

具体成本控制在什么范围,之后我们会详细说明。

当然,不是所有的老客户我们都需要付出很大的经济成本的。有的时候一个小细节,只要你用了心,花上时间成本,也是可以感动老客户的。客户需要的就是你关注他,在意他,让他感受到你对他的关注,你就成功了。我们来看这个案例。

> 金辉云酒货仓酒业有个员工叫罗敏。一次,她的客户住院了,她知道后就立马打了个电话给客户,然后跟她说住院期间她来送饭。客户表示说心意收到了,送饭就不用了。
>
> 罗敏听到客户说不用后,并没有理会,依然坚持送饭,而且是每天都送,客户住了十几天院,她就送了十几天饭。这个客户出院后没有回家,第一件事就是到金辉云酒货仓去找罗敏,让她推荐一款酒。
>
> 罗敏说:"姐你刚出院酒就不要喝了。"她说:"我不是自己喝,我公司也要送礼的,你就帮我推荐一款我要送给客户。"罗敏说:"姐你不用这样,我给你送饭也是应该的,平时你那么照顾我,没有你就没有我的今天,我送饭是应该的。"
>
> 客户依然坚持让她推荐,执意要买,最后罗敏就推荐了一款适合送礼的酒,这个客户直接就下单25万元。

主动要求老客户转介绍

很多销售员每天都忙于开发新客户,为了开发新客户做了不少工作,从而忽略了老客户。这就会进入一个恶性循环,新客户成交后变成老客户,但是销售员成交后就把客户晾在一边花很多精力和时间去开发新客户，导致老客户不断流失，陷在开发新客户的忙碌中无法自拔，结果越做越累，他们不明白新客户就在老客户手里，因为只要老客户足够信任你，他一定可以介绍身边需要买东西的人。当你和老客户关系搞好了之后，必须重复做一件事情，就是主动要求转介绍。

销售有一个黄金规律就是一个人直接可以转介绍 25 个人。我根据 16 年的经验总结出了转介绍四步骤，只要按照这四个步骤去做，成交的概率非常高。

步骤一：给我一个电话号码。

步骤二：帮我打一下电话。目的就是隆重地介绍一下自己。

步骤三：帮我走一趟。意思就是希望客户跟我一起去拜访介绍的客户，帮我做第三方介绍人。

步骤四：帮他刷下卡。如果老客户跟你的关系足够好，跟介绍的客户关系也足够好，就会愿意帮他刷下卡。

给我一个客户，我就能撬动整个市场

只要你有一个忠实的老客户，你就能撬动市场。销售员要记住一句话：给我一个客户，我就能撬动整个市场。

当时我们刚到陕西，人生地不熟。有些销售员在经过好多天的"碰壁"之后，跑来跟我说："娄老师，我觉得这里没法干，干不下去。"我当时听了他的话，我说没法干都是你的主观想法，我们做销售的开弓没有回头箭，只要开始了就没有回头路可走。我送你一句话：给我一个客户，我就能撬动整个市场。

当时我们在陕西就有一个老客户王宇泽，我就把他介绍给了这个销售员，他就按照转介绍四步骤实施。后来，王宇泽帮我们介绍了一个朋友，他的企业因为销售战神的课程深受其益，于是他向他的朋友极力推荐我们的课程，说我们的课程很好，如何能够提升业绩，对公司助益很大。在最后准备成交的关键时候，他的朋友一直下不了决心，非常犹豫，王宇泽就直接说你如果还不相信，那这个卡我来帮你刷，你去听课。

最后在他的施压下，他的朋友直接刷卡 130 万元，自此以后我们在陕西的市场逐渐突破，最终业绩排名全国第二。

所以，销售员千万不要给自己设限，认为不可能，做不下去，实现不了。

思考练习题

1. 你在维系老客户方面做得足够好吗？列出你在维系老客户上做了哪些工作，结合上面讲的内容提出改进方案，方案要具体可以执行，落实在具体完成时间。

_____
_____
_____

2. 列出你的老客户名单，准备一份感动老客户的计划和方案，并主动要求老客户转介绍，给自己定一个转介绍客户数量的目标，不达目的绝不罢休！

_____
_____
_____

老客户跟踪表

客户姓名	客户电话	感动策略	客户反映	产生结果	是否要求转介绍	介绍客户姓名	介绍客户电话	介绍客户公司名称	介绍方式

针对大客户的策略

大客户的重要性

在行业中公司能够立于不败之地的原因就在于他的客户够大，在公司里长期成为冠军的人也是因为客户大。大客户是企业的生存之本、发展之源，大客户是一种长期客户价值，可以给企业和销售人员长期的高利润回报。

销售中如今黄金分割率是262法则，即20%大客户，60%大众客户，20%淘汰客户。很多销售每天忙忙碌碌，就是没有掌握这个黄金分割率，没有学会抓大放小，没有学会放弃客户，最终因为精力有限抓不住大客户。当你没有大客户，全是小客户的时候，你会发现非常疲惫，因为小客户事特别多，业绩却出不来。

因此，所有的销售人员都要学会抓大放小，抓住大客户对你的业绩甚至职业生涯有着决定性作用，因为20%的大客户能够创造出80%的业绩。

大客户类别

什么是大客户？这里的大是指客户价值大，能够成为你可持续获得利润源泉的客户，大客户也可以叫重点客户。

那么，销售员如何判断谁是大客户呢？大客户可以分为以下三种。

1. 愿意给你花钱的客户

一个客户不管他自身有没有钱，只要他愿意在你这边花钱，那他就是你的大客户，这种大客户我们不能伤害。这就像很多女孩的择偶观一样，你有钱但不舍得给我花，那我不要；你虽然没有很多钱但是你愿意为我花钱，这就是我要找的。

所以说客户有没有钱不重要，重要的是要愿意给你花钱，愿意在你这消费购买产品。

2. 转介绍多的客户

转介绍多的客户不一定消费额高，但是他能够介绍很多客户来找你购买成为你可持续获得新客户的源泉，那他就是大客户。

所有愿意转介绍别人来购买的客户都是无私的人，对于给你转介绍多的客户我们一定要心存感激，把他当作大客户来对待。

3. 不断增加消费额有潜力的客户

一个客户如果最初在你手里成交的金额不高，但是根据他的消费纪录显示他的消费额是在不断增加，说明这个客户对你是信任的有潜力的。抓住这种踏实的客户就可以把他的消费能力从小培养大，最终成为你的"死忠粉"，这种客户也在大客户之列。

如何维系大客户

销售最核心的就是客户对你的信任,获得客户的信任比你的产品好、品牌大重要得多。要获得客户的信任,就要把客户当成朋友,礼尚往来。

中国是一个礼仪之邦,人与人之间必须先做好交际再做交易,交际做好了交易就水到渠成,一个不懂得交际的人是做不好交易的。

在农村,如果谁家娶媳妇你没去,那么他就会记下来,下次你家娶媳妇他也不会来。相反,如果两家原本没关系,但是他家嫁女儿你去了,别人也会记在心里,下次你家嫁女儿有喜事的时候他也一定会到,来来往往之后这两家关系就变得非常好。

再比如过年,我们在年前准备很多礼物,拜年走亲戚的时候就要带上礼物一起去,不然不好意思,但是年过完了之后你会发现家里的年货还有一大堆。这是什么原因?这就是礼尚往来。

要想做好销售,就要转变思维,把送礼当成做交际,送礼是一种投资,送礼是一种情感储存,只要你敢送就一定会有回报。

销售要常怀一颗感恩的心,你出单了,你要感谢客户,要知道这是你的福气,如果你想增福,就必须舍得送礼。

针对大客户,我们要学会交际,学会送礼,学会与客户互动,建立信任机制。那么如何送礼呢?

不管你的工资有多少,销售员要拿出自己 10% 的收入送给 20% 的大客户。列出所有大客户清单,然后根据你客户信息管理的内容,有针对性地送出客户需要的礼物。

有的销售员会说,送礼是要先有钱才行,我一个月工资本来就少,自己都不够用,哪里

> 【L 强金句】
>
> 把销售当成做生意,你才能做出大业绩。

来的钱去送礼？这个观念首先就是错误的，送礼就是投资，不管你工资多少，哪怕只有 3000 元，你都必须拿出 10% 来送礼，中国有句话叫礼轻情义重。当你工资很少的时候，你送出的礼物不管多少钱，客户都会觉得很暖心；所以说礼物不一定是要贵重的，但是一定是客户需要的，只要你花了心思和时间，客户是能够感受到的。礼物的附加值就是你的心意，走心的礼物是最贵重的。如果没用心，再贵的礼物也没有用。

  河南信阳有个卖实木家具的老板，在听了课之后就开始践行送礼物给客户。

  他家是农村的，他看到妈妈种的小菜园里有很好的蔬菜，全都是自家种的没打过农药，绿色健康。于是他就开始挖，然后把挖好的蔬菜洗好，分成一份一份的送给他的客户。这个客户他一直跟了很久但是一直没有成交。他说这是我妈妈自家种的，纯天然绿色无污染的蔬菜，虽然不值钱，但是是我的一份心意，给您一份品尝一下。

  这个客户最近正要买实木家具，收到这个礼物后感动极了，他说我最近正要找你买家具呢。最后成交了 20 万元。

菜不是重点，重点是这个学员感谢客户的心让客户感动。销售就是要心存感激，对客户真心付出，重点是心意。

  送礼不在乎是否贵重，最重要的是用心。真诚和用心是最能打动客户的。

  这就是销售员和老板的真诚感动了客户，销售员用战神的真诚精神把客户征服了。

  送礼还要挑选好时机，不要在大家都去的时候送，这样客户很可能都不知道哪个是你送的。在大家都可能会忽略的时候你出现了，这个时候你跟客户之间的关系才拉近了一步。

> 【L强金句】
> 爱他就要与他成交。

送礼之后要进行跟踪，利用送礼增加与客户打电话沟通的机会。当你送出礼物后，你可以打电话给客户问问客户用得怎么样（或吃得怎么样），送礼的目的就是要客户用得上，用得上你和客户的黏性才更牢靠。

如果送一次礼客户没反应，你可以下次再送，持续送给大客户，直到他用了你送的礼物，那么离最终的成交也就不远了。针对不同的客户使用不同的策略，当你真正掌握了这些销售策略，你才能最终收获成功。

拜访陌生客户切忌急于推销产品，必须保持利他思维培养信任，三到五次才是成交的开始。以成交为目的的销售都是以客户为中心，不以成交为目的的销售就是耍流氓。

针对准客户，我们要大胆地"泡"，高频率地"泡"，当达到高频率的时候就要大胆成交，该成交的时候就要抓住机会，没法成交的时候不要一心只想着成交。

针对老客户，我们要靠感动，感动老客户后要重复多次地主动要求转介绍，获得老客户帮忙和支持。

针对大客户，我们必须列出大客户名单，懂得交际，懂得送礼，把送礼当作投资，把销售当成做生意，付出就一定会有回报。

思考练习题

列出你的大客户名单，把客户所有信息都搞清楚，然后做一份送礼计划！

_____

_____

_____

高端客户跟踪表

客户姓名	电话号码	礼品名称	塑造故事	客户反映	产生结果	是否要求转介绍	介绍客户姓名	介绍客户电话	介绍客户公司名称	介绍方式

CHAPTER 3

第三章

销售话术

第三章 销售话术

很多销售员会发现这样一个问题，同样的产品，不同的销售员在销售的时候业绩却完全不一样，同样的一个顾客，可能在你接待的时候他很抗拒，但是换了一个销售员去接待的时候这个顾客的抗拒就轻松化解，高高兴兴地买单。为什么有些人他能够让客户满意地成交，而有些人却总是刚一开口就遭到顾客的拒绝呢？

这就是销售话术的魅力。在当今时代，产品同质化，产品与产品竞争的时代已经结束了，这是一个人与人竞争的时代，如何让自己在这个时代充满竞争力呢？掌握销售话术，掌控了销售话术可以让你在销售的过程中减少客户的抗拒，让客户愿意和你对话，只有客户愿意对话你才有成交的可能。

很多销售员在销售过程一张嘴就是这是我们的明星产品，今天正好在搞活动，你现在买特别划算，买到就是赚到。客户一听就感觉你在骗他购买，客户对你的产品和你都不熟悉，你说在搞活动降价了，客户心里就想谁知道是不是真的，天天都说搞活动。这其实就是没有掌握客户的购买心理，销售员的话术存在问题。

销售战神
业绩倍增的销售实战心法

  销售话术，就是销售时说话的艺术，用语言向客户更好地兜售你的想法和产品。掌握销售话术就可以让客户愿意听你说话并且更快速地明白你的话，让客户更多地理解销售员的意图。

  销售战神的课程我连续讲了16年，根据16年的经验，我总结出一套非常实战的销售话术，浓缩成25个字，即一个经典的案例，故事性的传播，戏剧性的放大，艺术性的表达。

  具体来讲，就是销售员在销售的过程中必须找到一个经典的真实的案例，把顾客购买的时间、地点、过程和结果讲清楚，这样的话顾客听的时候就能在脑海中有画面，用讲故事的方法说出来。从小到大我们最喜欢听的也最愿意接受的就是故事，故事让客户的大脑与我们同频，当我们在同一个频道的时候，客户就更容易接收我们要表达的信息。客户在购买的时候可能会有很多的疑问，比如说你的产品安全吗，你在讲案例的过程中就要把案例中客户的这个疑问提出来，然后再通过戏剧性地放大，最终艺术性地呈现结果，反馈客户使用了我们的产品后满足了客户的需求和期望，必须具体真实。这样比你自己说我的产品非常安全符合国际标准要更具有说服力，而且客户更愿意接受。我们更希望通过别人的经验来验证自己的决策，当别人用了效果好我们也会想尝试。而且依现在的生活水平，人们都是要择优而选，客户也需要选到优质的产品，满足自己的需求。

如何讲好案例

今天的销售员太喜欢讲产品知识，而且还喜欢自卖自夸，张嘴就说自己全国第一。要知道，你讲的都是你想讲的，而不是客户想听的。你说你的产品环保，价格低划算，客户并不想听，客户想知道的是你的产品到底有多环保，这才是重点。

那如何说出我们的产品质量呢？这就需要找一个经典的案例，通过第三方的嘴来说我们的产品质量，这样让客户觉得更可信。客户所有的抗拒都可以通过案例来化解，关键是如何讲好案例。

在讲案例的时候我们一定要情景化，要讲清楚时间、地点、人物、过程和结果这五要素。情景化之后客户的大脑就在构建画面，要引导客户思考。客户思考的过程就是在逐步和销售员同频，只有同频才能共振共情。

案例的讲述过程中需要突破三个点，即卖点、特点和触动点（或者客户的痛点）。我们在情景化的案例中突出自己产品的卖点和特点，讲出客户为什么最终在我们这买了，让客户看到我们的口碑和品质。

卖点

所谓卖点，其实就是一个消费理由，最佳的卖点即为最强有力的消费理由，卖点不能分散只能聚集一个。为产品寻找卖点是现代营销学的常识，随时挂在厂长、经理、广告人、策划人的嘴上。

每个人消费都需要一个理由，只有找到了足以让客户购买的理由，客户就会心动。

每一个产品都必须同时具备两点：一是解决某个问题即功能性；二是满足某种需求。在众多同质化产品中客户为什么购买，就是因为客户觉得值得，有价值。产品的卖点就是产品的价值体现，没有卖点的产品最终会走向平庸，而一个有独特卖点的产品则更容易形成独特的效力。

销售员必须提炼出自己产品的卖点，要与竞品差异化，与众不同。每个产品都有很多自身的属性，对应的就是它的优势和好处。但是你要打动客户，要选一个最大的特点，最强的优势，还有最好的利益来说，这个卖点一定是要能给客户带来最大的利益。如果没有卖点，就创造出一个卖点，卖得多了自然就成了卖点。

我们会发现，以前的产品很多都是主打价格低，价格低是一个卖点。但是现在，时代不一样了，很多产品在开始卖感觉、概念、包装、品质、服务、文化等。

耐克大家都知道，它的那句"Just do it"的广告词深入人心。耐克在中国卖的不仅仅是产品，更是它的文化观念。一个没有文化的品牌就是没有灵魂的，耐克所附加在产品上的文化内涵就是它的卖点，让年轻人以穿上它为荣。

1999年，耐克开始推出低价产品，希望用降价的策略来扩大市场占有率，耐克这一降价让他原来的高价位产品被受众质疑，失去了

【L 强金句】

没有经过设计的语言，销售是失败的（设计一套属于自己的销售话术——一分钟话术，三分钟黄金时间）。

高端群体，降价并没有让耐克的市场占有率得到明显提升，反而带来了很多负面影响。因此，降价策略失败后，耐克意识到自己的文化价值和内涵，意识到它作为品牌在中国消费者心目中特有的文化地位和象征功能。耐克不仅仅是体育用品，还是个性化和自由生活的象征、中产阶级收入和身份的象征。

耐克广告中几乎没有以产品为核心的，而大多是以概念、思想、观点为核心的，其表达方式常常是自然而然地流露出来，没有明显的劝说痕迹。所以说，销售力的产生，不单是来自产品功能的利益的主张，更来自某种深度的认同。

海底捞卖的就是服务，它的服务可以说是全国公认的，而且去过海底捞的人都在为它口口相传，这就是它的口碑。在等候区，你可以享受免费的水果和饮料，店里提供的免费美甲和擦鞋服务，为戴眼镜的客户准备擦拭镜片的眼镜布，为了防止手机进水，他们备好了手机袋，连上厕所都有人专门给你递纸巾擦手，这些都是他们的常规服务，我们就不一一列举。

海底捞的服务好更体现在他们员工的主动性上，服务已经深入他们的自我意识中了。看到一个网友讲她的体验，一次去海底捞吃火锅没扎头发，正打算叫服务员的时候她已经拿好皮筋递到手上了，而且还帮这个网友扎了一个好看的马尾。还有个网友，觉得西瓜特别好吃，想把没吃完的那几片带走，结果服务说不要带这个，还以为是不能带，结果服务员直接搬了一个大西瓜来送给她让她带回家。

这就是服务，通过无微不至的服务来提升品牌的知名度，服务好也成了海底捞的卖点。

洋河蓝色经典卖的就是男人的情怀。随着中国东部沿海地区经济的崛起，这里汇聚了中国大部分的社会精英，这些精英人士大多受过良好的教育，年龄结构相对较小，他们大多具有较高的学识与修养，性格也相对儒雅。洋河也正是看到了这样的现象，研发了更能适应这些精英人士口感的低度顺口的绵柔型白酒，并在较短的时间里获得了这些精英人士的青睐，并在这些精英人士的引领下，在市场上赢得了巨大成功。喝酒喝的是一种心境，是一种情怀！

当你在推销你的产品时，你要找出卖点，这样才能打开销量。因此，每一个销售员都要清楚自己产品的卖点，在讲案例的时候要突出自己的卖点。

触动点

触动点就是客户的痛点，客户在乎的点。我们要善于发现用户主动花钱来解决的痛点，这种痛点已经深深困扰用户，你若能拿出解决方案，那必将成功。

在寻找用户痛点的过程中，我们一方面要站在用户的角度思考，另一方面也不能仅仅流于表面，要从深度和精度上做文章，从用户的行为习惯中去分析，从已有产品的缺陷里找方案，只有这样，才能赋予产品更高的价值，让用户和产品之间，产生深层次的互动和高频次的接触。

比如说一个宝妈来到母婴店，她说她的小孩经常感冒，那这个宝妈的痛点就是如何增加孩子的免疫力。你只有掌握了客户的痛点之后，才能够加速客户做出购买的决定，快速成交。

当一个客户进来，你给他推荐进口奶粉，他开始抗拒，说："我们小时候不吃不也一样长得好好的吗？"这个时候你不要和他争辩，只需要讲一个案例来化解。下面我们来看一个母婴店的销售员是如何讲好一个案例的。

有一个客户，宝宝两岁了，隔三岔五地感冒。有一次在医院里打针，一个护士在扎针的时候连续扎拔三次，吊针还没有扎进去。这个客户因为小孩感冒心情本来就不好，再看到扎针三次都没扎上，情绪爆发说了护士几句。

可孩子容易感冒的问题依然存在。后来，她了解到孩子经常感冒是免疫力低下，抵抗力差的表现。有一次，她在我们店里顺便聊到这个问题，我就问她小孩吃什么，她说就是正常吃饭，我说两岁的宝宝除了正常吃饭，还需要吃专门的配方奶粉增加抵抗力。她开始不相信，觉得她小时候没吃奶粉不是也一样健健康康的。我就跟她说，这种配方奶粉不一样，因为它含有经过临床验证的乳铁蛋白，能够增加抵抗力。

她抱着怀疑的态度买了两罐，回去喝了半个月，孩子明显精神头足了，后来半年都没有感冒。以后，她走到哪都给我们宣传。

我们来看一下上面的示范，通过情景化的案例，通过讲客户的故事，在讲案例的过程中把产品的卖点灌输其中，直击客户的痛点，把有同样问题困扰的宝妈的经历讲给正在选购的宝妈听，引起宝妈的共情。同样是宝宝免疫力低，当这个宝妈听到之前的宝妈因为吃了这个牌子的配方奶粉宝宝抵抗力变好，那这个宝妈的购买意愿就会明显加强。

因此，销售员要选好案例，并且善于讲案例，在讲案例的过程引导客户去购买，这才是成功的导购。

思考练习题

想想你客户有哪些经典案例，按照这一节所讲的把案例写出来，每天练习直到随便哪一个案例都能讲好。

_____
_____
_____

如何进行故事性的传播

心理学研究表明，讲道理，只能在一个很抽象的层面去影响人的大脑皮层，且影响力有限，而且遇到那些偏感性的用户时，讲道理的作用几乎为零。

讲故事却不一样，故事可以调动一个人的内在情绪、情感和想象空间，可以在无形之中俘获人心，调动人性，讲故事对古今中外的所有人都会产生深刻的影响。

故事性传播可以让客户愿意聆听，增强客户与公司和产品的亲密感、好感，除了可以将案例进行故事性传播，也可以通过讲故事的方式增加与客户之间的互动。这个故事可以是老板的故事、公司的故事、产品的故事、客户的故事和你自己的故事。

我们从小就开始听故事，客户也是喜欢听故事的，通过讲公司和老板的故事让客户认同企业文化，从而认同产品；当你和客户讲你销售的产品的故事时，客户就很容易接受并产生求同的潜意识；当你和客户讲你自己的故事时，可以让客户了解你，拉近彼此的距离；当你和客户讲你和其他客户之间的故事，或者是客户自己的故事时，这都是你和客户之间建立信任机制的阀门。

产品故事

产品是死的,而故事是有生命的。当产品被故事包装之后,它就能以巧妙的形式吸引眼球,并走近用户,引起共鸣和认同,从而消解用户对产品的排斥感,让产品有更大概率留存于用户的记忆中,或者实现购买转化。

故事可以给一个普通的事物灌输一种光环,可以给一些稀松平常的事物蒙上一层传奇感。一个普通的馒头,当你把它讲成了一个故事,它就变成了"黄金馒头"。

把案例进行故事性传播就是在向客户讲产品的故事,让你避免苍白无力的产品介绍,让客户愿意接受产品。

我们大多数销售讲专业产品知识,没有人物形象,没有故事,所以客户一听就是在做广告,不仅对成交无益,反而让客户一听就掉头出门。

我们选择了一个经典的案例后将其进行故事性传播就可以把产品活灵活现地呈现在客户面前,避免扁平化,增强沟通效果。

有一个卖地板的学员,在他的客户身上就发生了一件事,一直被他拿来做经典案例。这个客户当时在装修的时候原本是三个房间的地板全部都订了,后来因为他的亲戚极力推荐了另一个牌子的地板给他,于是他就把小孩房和客房两个房间的订单给取消了,只在这个学员这里买了一个房间的地板。

一年多以后,这个客户的小孩突然全身瘙痒发疹子,去看了医生后确认是过敏,过敏源可能就在家里。这个客户怎么也想不通,家里装修都一年多了怎么现在会过敏。于是,他就回家把家里彻底地大扫除,在大扫除的时候发现小孩房间的边边角角里有好多粉末状的东西，他也不知道这是什么，于是就把其中一块地板给掀开看看，一看吓他一大跳，地板下面全是蚂蚁，全家人都心惊肉跳。然后他就把家里所有房间的地板都掀开来看，结果在我这个学员那里购买的地板完全没有异样。

这个客户就直接找到这个学员，让他把其他两个房间的地板也全给装了。这个学员跟客户说："你当时不信任我，你看，现在这样一折腾小孩遭罪又多花了一笔冤枉钱！"客户后悔不已，他说："你放心，以后亲戚朋友只要有需要的一定介绍给你，你现在还这么热心迅速地给我处理事情，真是解决了我的大问题。"

没有故事的产品等于裸卖

除了用案例进行故事性传播来讲述产品，产品本身也是有故事的，如果你能讲好产品的故事，那这个产品就是有灵性的，自然就能吸引客户。同类的产品却有不同的市场表现，原因就在于产品营销时讲故事的能力差异。面对客户，我们应该通过讲故事来告诉客户这个产品的功能和作用，而不是直接把产品含有哪些参数摆在客户面前。

比如说两家公司都是做摄像头。第一家公司直接跟客户说我这个摄像头像素有多少万、镜头用的是某高科技材料；第二家公司则是通过讲故事的方式来呈现你和亲人如何通过摄像头联络感情的。哪种效果更佳，不言而喻。

所以说，产品也需要讲故事，会讲故事的产品销量不会差。苹果公司大家都很熟悉，苹果手机产品只要一问世，就会引起"果粉"们的骚动，纷纷想购买最新一代的产品。那么，苹果公司是如何做到的呢？因为苹果公司会讲故事，苹果营销三原则就是"共鸣、专注、灌输"。讲好故事，故事化沟通是传递产品功能最有效的方式，能够引起用户共鸣，产生强烈的购买意愿。

苹果公司广告一向格调很高，每一代新产品问世，都有一个主题，有一个故事，或者有一种情怀。它的广告都是在讲故事，故事讲好了营销灌输也就完成了，将产品故事灌输到客户的脑海中，创造良好的客户预期。好的故事可以激发观众的认同感和购买欲，而那些故事，可以达到传递品牌价值的目的，也能让企业和观众建立密切的联系。

苹果公司2015年的新年广告是《老唱片》，广告讲述的故事是孙女在新春大扫除时发现了一张奶奶在1947年录制的试音黑胶碟，看着奶奶孤独的身影，孙女决定用苹果产品将这张黑胶碟翻录，然后把这首《永远的微笑》用iPad mini放给奶奶听。

古镇夜晚的风韵和余音袅袅的歌声受到大大地赞赏，特别是这首具有老上海情怀的《永远的微笑》："心上的人儿，有笑的脸庞，他曾在深秋，给我春光。心上的人儿，有多少宝藏，他能在黑夜，给我太阳。"

品牌故事

有故事的产品叫品牌，没有故事的产品叫品名，故事就是产品的软包装！我们会发现，所有的大牌产品都有自己的故事，有故事的产品才能叫品牌。故事是你给产品赋予的灵魂，没有故事的产品没有灵魂。

在很多漫画中，我们经常会看到通过起源故事来告诉读者超级英雄如何获得神奇力量，以及他追求正义的强烈渴望来自哪里。我们看史书的时候，也会发现每一代帝王出生的时候都会有一个传奇的故事来预示他未来将成为天之骄子。在漫长的时空中，中华民族五千年文化流传下来到如今依然被后代信手拈来的著名历史人物大部分都是因为他们身上的故事被流传了下来，我们对故事的记忆力是强烈的，没有经典故事的人物最终就变成史书中一翻而过的人名而已。而以创新著称的公司若想打造成功的品牌，常常拥有一个源自创始人的成功的起源故事。

有故事的产品叫品牌，没有故事的产品叫品名，故事就是产品的软包装

法国的奢侈品牌香奈尔旗下的产品价格不菲但仍有很多人趋之若鹜。这就是消费者认同香奈尔品牌背后的精神。香奈尔的精神就是品牌的力量源泉，至今每一季新品仍以香奈儿精神为设计理念：香奈儿——永远的香奈儿。

香奈尔是一个人名，她的故事影响了无数人，她一生未婚，创造了伟大的时尚帝国，同时追求自己想要的生活。其本身就是女性自主独立的最佳典范。

香奈儿品牌创始人可可·香奈儿，是一位私生女，出生于19世纪末期法国西南部的索米埃小镇上的一个微寒家庭。当时，也是因为这样的一个特殊身份，她和她的母亲在当地饱受周围人的歧视和羞辱。她也从来没有得到过父亲的宠爱。就在她6岁那年，母亲突然去世了，她被迫进了孤儿院。孤儿院的生活非常清苦。香奈儿饱受羞辱，苟且偷生，干着异常繁重的工作。但是，也就是这种困境锻炼了她，锻炼了她的意志力和忍耐力，并使她练就了一手杰出的缝纫本领，为她以后收获巨大的成功埋下了伏笔。

在逆境中，人一样可以绚烂绽放，可可·香奈儿就是这样一朵令人赞叹的娇艳玫瑰。16岁那年，香奈儿冒险逃离了孤儿院，独自来到远离家乡的穆兰小镇。起初为了糊口，她以卖唱为生。生活中，为了生计不得已到处奔波，就在她几乎陷入绝境的时候，她在孤儿院里练就的缝纫本领救了她，她找到了一份服装店的工作，出色的手艺使她很快成了小镇上的名人。

后来，在朋友的帮助下，她又来到了巴黎，并开了一家帽子店。香奈儿利用自己的聪明才智和精湛的手艺，改造了当时流行的帽形，也创造出风靡一时的"小香帽"。帽子店虽小，但由于她用心经营大获成功。香奈儿的不平凡在于她能引领潮流，只要经过她设计的衣服，立刻成为时尚。

随着事业的不断扩大，她把帽子店改成了服装店。从困境中走出来的香奈儿，从未停止过奋斗，让她的才能得到了淋漓尽致的发挥。

后来，她连着发明了香奈儿5#香水和19#香水，这两款香水，均被誉为"香水之王"。

在第二次世界大战期间，她的事业也受到了巨大的冲击，也被迫关停了时装店。但在战争结束后，她又重新开张，自此，香奈儿时装再度风靡了起来。

海尔冰箱是家喻户晓的冰箱品牌，海尔集团创立于1984年，成立之初亏空147万元，但是"砸冰箱"的故事改变了海尔的命运，至今这个品牌故事依然在广为流传，让人铭记。

1985年12月的一天，时任海尔冰箱厂长的张瑞敏收到一封反应冰箱有质量问题的信。当时，张瑞敏带领管理人员到仓库检查，发现400台冰箱中有76台是不合格的，张瑞敏立即召集所有员工到仓库现场开会。

当时很多人提出，这些只是外观划伤不影响使用，建议用福利价卖给工厂内部职工。张瑞敏却说："我要是允许把这76台冰箱卖了，就等于允许明天再生产760台、7600台这样的不合格冰箱。放行这些有缺陷的产品，就谈不上质量意识。"于是他当场宣布，要把这些不合格的冰箱全部砸掉，谁生产的谁来砸，并且亲手砸了第一锤。张瑞敏这一行为也砸醒了海尔人的质量意识，海尔人明白"要么不干，要干就要争第一"。

张瑞敏砸冰箱的故事迅速传开，海尔的产品迅速占领市场，消费者将张瑞敏砸冰箱的故事一传十十传百，至今都被人铭记广为流传。而张瑞敏砸冰箱用的大锤被博物馆收藏为文物。

这就是好的品牌故事对销售的重要性，不仅提升产品知名度，更让消费者产生共鸣认可产品，让产品在市场同类产品的竞争中脱颖而出。

如果一个客户到海尔冰箱专柜问销售员，你们的质量怎么样？这个时候一个销售员说了冰箱的质量、合格证等数据信息，而另一个销售员就把张瑞敏砸冰箱的故事说给客户听，你们觉得哪个销售员能销售成功呢？

毫无疑问会是讲砸冰箱的销售员，一个砸冰箱的故事就可以让客户对海尔冰箱的质量肃然起敬，吸引客户注意，让客户产生信任，从而自然而然地购买产品。

客户的故事 & 自己的故事

每个人都是有故事的，不是只有成功的人才有故事，平凡的每一个人都有故事，童年趣事、生活中遇到的各种事情都可以成为一个好故事。这些故事就是我们与人交流的时候让别人了解你认识你的切入口。

销售员与客户之间往往是陌生的，那如何快速地让客户认识你了解你？

如何让两个陌生的人在短时间内化解尴尬打开话匣子呢？答案就是讲故事。

对于销售人员来说，需要让客户从认识到了解，增进彼此熟悉度进而建立信任机制，讲故事就避免了枯燥乏味的产品介绍，通过真实的故事能够让客户在沟通中打开心门。

这个故事可以讲自己的故事或者在聊天中激发客户诉说他自己的故事，激发客户的诉说欲，加深对客户的了解。

当你刚开始和客户交流的时候，气氛难免会有些拘束，这个时候你们可能聊聊童年的故事或者小时候的一些趣事，气氛自然就轻松了，话题自然也就打开了。

当你给客户讲你的人生故事时，他们一定会对你印象深刻，甚至可能记住你一辈子，对你好感度倍增，并对你产生更多的兴趣，而且更加了解你的为人，有的时候可能他也有同样的人生经历，那就引起了客户的情感共鸣，你们甚至可能成为最好的朋友。

我认识一个做衣柜的老板，她叫黄节凤。她特别擅长和客户讲故事，再难搞的客户只要遇到她都会不自觉地信任她。在和客户的交流中，她经常讲到自己创业的故事，让客户完全沉浸在她的故事中。她的故事是这样说的。

> 我来厦门已经快20年了，我老家是农村的，特别穷，连读书的钱都付不起。可我从小比较有主见，看家里为我读书的钱干着急，我就说我不读了，不读书我也照样能有出息，所以到现在我就是只会写自己名字。17岁那年我来厦门打工，一开始是帮别人洗碗做服务员，特别辛苦特别累，但是我能吃苦，我就想在厦门站稳脚不要再过那种穷日子了。后来逐渐稳定下来我就想做服务员也发不了财，刚好有一天我看到一个地板店在招店员，我就去应聘了，我想学做

生意，以后能有更好的出路。"

果然，那个老板看我机灵、干活麻利又能吃苦就招了我，这一下就改变了我的命运。这个老板人特别好，我是把那个地板店当成自己的店在经营，这一做就是三年。

有一次，一个客户跟我说："小黄，你能不能帮我直接从供应商那里调货，我需要一大批地板。这样，如果老板给你们2000元的提成，我给你20000元。"我当时听到后想都没想就拒绝了，我跟他说："不好意思，我不能偷单。我虽然人穷但志不能穷。你要买的话我可以说跟老板商量给你一个优惠价，你看行不行？"这个客户听完我的话后当时就说："我选择和你做生意不会错，就冲你这个人品。好的，就按你说的办，你跟老板申请好后联系我。"后来，这件事情被我们老板知道，老板直接跟我说："小黄，你明天不用来上班了。"

我当时很惊讶，心想我哪里做错了吗？然后老板说，"不是的，我是觉得你在我这上班屈才了，你是个可塑之材，你适合做生意，我借给你10万元，你自己去找一个店面开店，赚到钱了再把钱还给我。做建材的好多店员做久了之后会开始偷单，但是你从来不做这种事。所以值得我投资。"

就这样，我在他的帮助下开了自己的第一家地板店。一直到现在，我在这个建材城有四家店还有一家工厂，在厦门买了五套房子，身价5000万元左右，这些我都要感谢我的地板店老板。

后来，这个老板生意上发展得不好，他说想到深圳去做别的生意，需要向我借20万元，我二话没说直接打给他200万元，我说："你不用急着还，不还都没关系，你是我的恩人，之前一直都不接受我的谢意，现在我总算有机会感谢你了。"直到现在，我们都经常联系。

这是她真实的故事，每次她讲完这个故事，客户都被她征服了，从心底里佩服她。客户从她的故事中了解了她的人品，相信她的为人那么成交就不是问题了。很多客户到店里来指定就是要找她。这么多年下来，基本上都是在做老客户的生意，老客户不断地给她介绍新客户，她的生意在建材市场一直保持第一位。

这就是故事的力量，故事可以调动对方的情感和潜意识，让对方从你的故事中了解到你的为人，从而信任你，销售员获得客户的信任后一切就简单了，成交就不是问题了。

如果客户讲的故事你能产生共鸣，你也有相似的经历，那么这样的沟通会更有效。这就是人性，我们要了解人性，销售员要学会讲故事听故事，在讲故事的过程中让客户快乐与你产生正向的互动，客户开心了自然就愿意跟你成交。

思考练习题

把你的产品故事和自己的故事提炼出来,写出能让客户一听就感兴趣的故事模板,并把它背熟。

_____
_____
_____

如何进行戏剧性放大

戏剧性是什么？戏剧理论家认为，冲突是戏剧的本质特征，没有冲突就没有戏剧。

对于销售而言，我们如何在销售的过程中将某一个点进行戏剧性放大是一门艺术，这个点可能是产品的特征、客户的痛点也可能是客户的需求点。在戏剧性放大中就要我们突出冲突，当这个冲突引起了客户的共情后，我们再向客户展示这个冲突如何得到解决，这样就完美地解决了客户痛点。

当你在向客户讲案例时，案例要充满戏剧性，要有冲突有矛盾，并且将真实的案例进行戏剧性放大，这样你的案例才足够丰富具有说服力。

比如在美容美体行业，我们在向客户讲案例时，你开头可以这样说："我们之前有一个客户，她是哭着过来的。"这个开头就是戏剧性放大的典型，客户在听到你这样的描述后，就会好奇、会思考为什么会哭着过来，到底发生了什么事，好奇心驱使她去听后面的内容。

此外，在讲产品的特性的时候，我们可以通过戏剧性放大来让客户切身感受到你的产品有多好。卖化妆品的人在描述产品时经常会使用这类词：让你的肌肤宛若新生、让你拥有18岁的肌肤、回到婴儿的肌肤弹力十足等。这些都是在戏剧性地放大，激发你对使用产品的欲望，人性都是向往美好的。

再比如说牙膏，一个销售员只和客户说这管牙膏好用，另一个销售员说用了这支牙膏后让你的牙齿洁白如新,远离龋齿,口气清新自然。消费者会买哪个呢?

很多产品广告在宣传的时候同样善于戏剧性放大。将产品功效进行放大,放大之后与某种特定场景关联起来,这样你在这些特定场景中时自然就想到该产品。

在前面一小节我们讲了故事性传播,故事也需要戏剧性放大,故事中的冲突戏剧化放大后才能构造出丰满的易于传播的故事,随着情节的发展,让故事更加形象和易记忆,更加容易被传播。老板和公司的故事经过戏剧化放大后就成了品牌故事,成为品牌最大的传播动力。当我们把故事进行戏剧化放大后,这个故事所蕴含的精神就可以升华为一种"情怀"。

情怀能成为卖点,正是因为戏剧性冲突的存在,在别人看似无用的地方做着坚持,在别人难以企及的地方做出取舍,这样的冲突,才是情怀打动人心的地方,也是情怀能够被广泛传播的内在动力。而脱离了冲突,一味地强调自己的高尚光辉,而没有对立面,则让情怀显得虚假,让人退避三舍。

思考练习题

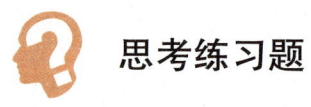

看了这一节,将你的客户案例进行戏剧性放大,并加以训练,直到张口就来。

_____
_____
_____

如何进行艺术性表达

说话是一门艺术，语言是有魅力的，不同的人说话结果会截然不同，销售员想要业绩好，必须学会艺术性表达。一个掌握说话艺术的销售员对于客户的吸引力是巨大的，在与客户的沟通中说出客户喜欢听的和需要听的话，把话说到客户的心坎上引起客户的共鸣，使客户乐于接受。

任何一个杰出的销售员都必须学会说话，艺术性地表达是销售员和客户沟通的重要武器，有些销售员在和客户沟通的过程中因为说错话引起客户的反感，或者是在沟通过程中说不到点子上，最终导致客户的流失。而掌握说话艺术的销售员却能让一个原来完全没有购买欲望的客户最终下单。如何艺术性表达是每一个销售员都要学会和掌握的技能。一个出色的销售人员，是懂得如何把语言的艺术融入商品销售中的人。

在销售行业有这样两句话通俗地讲出了艺术性表达对销售的重要性："会说话，销售就是坐电梯；不会说话，销售就像爬楼梯。""买卖不成话不到，话语一到卖三俏。"说话一定要打动客户的心，因为客户的钱包离心最近，打动了客户的心客户自然就愿意掏钱包，销售就成交了。

如何进行艺术性表达呢？

用讲故事的方式说出客户的利益点，即能为客户解决什么问题并得到什么益处，生动形象地说出产品与客户需求的高度吻合。

善于选择案例

案例就是让客户看到你的产品或服务的见证者，如果其他客户都选了这款产品，那么客户成交的概率就会大大提升，同地域同需求同顾虑同利益的客户见证，可以帮助客户提升安全感和信任感，进而成交。

说话简明扼要，用客户听得懂的语言说你的产品

我们很多产品都是有型号和详细参数的，销售员只需要问清楚客户的需求并给客户推荐一款就可以，如果你跟客户介绍两款产品，然后又和他说了这些由数字和字母组成的型号，估计客户可能听得一头雾水。

网上有一个客户分享了他的案例。他的公司刚搬到一个新的办公区，需要安装一个能够体现他们公司特色的邮箱，于是便咨询了一家公司。接电话的小伙子听了他们的要求，便坚持认定他们要的是他们公司的 CSI 邮箱。而什么是 CSI 这个网友不知道，他问了销售人员，而销售人员对于客户的疑问感到很不解。他说："如果你们想用金属的，那就用 FDX 吧，每一个 FDX 可以配上两个 NCO。" CSI、FDX、NCO 这几个字母搞得这个客户一头雾水，只好挂了电话。

这个接电话的小伙子就是没有掌握艺术性表达的技能，讲的都是客户听不懂的还不自知，客户都搞不明白你的产品如何会成交？

在销售员的日常生活中，其实有很多这样的案例。比如说你是卖奶粉的，你在跟客户介绍进口奶粉主推其中一款的时候，你一直讲这款的独特之处在于含了乳铁蛋白，乳铁蛋白含量达到多少，客户会买单吗？显然不会，因为说话没有说到点子上，你要说这款奶粉喝了能增强抵抗力，比其他同类产品更能增强宝宝抵抗力和免疫力，客户就明白了。

再比如，你是卖衣柜的，客户问你安全吗？有没有甲醛？这是经常被问到的问题，现在的人都关注健康环保。如果你跟客户说我们的甲醛含量是多少，国际标准是多少，客户的脑子没有这个概念。你可以说，我们都知道现在大家都担心甲醛问题，尤其是有小孩的家庭，我们公司对于环保和健康是最看重的，这款产品被妇幼保健院选中，在妇幼保健院安装了3000套样柜，而且是在新生儿和ICU病房立马就投入使用的！（必须是真实的）那么客户还有什么需要担心的吗？

不要跟客户对着干

不要跟客户对着干，在日常销售中，很多时候客户不熟悉产品同时也不了解销售员，在成交之前客户可能会提出一些异议或者是对品牌及产品的怀疑，很多销售员在听到客户这些话后情绪就被调动了，觉得自己的产品或者自己不被客户认可，伤害了自尊，于是跟客户抬杠，这一抬杠就算你赢了，结果客户也走了。

作为销售员一定要时刻牢记自己的任务，是为了销售产品。有时客户对你的产品的贬低是一种习惯性的宣泄，你只要认真地听他宣泄，不时地表示理解，最终会赢得客户的好感，再谈产品的订单时就容易多了。

比如说，客户觉得你卖的产品不一定比别家的好，但价格却贵很多。有的销售员会立马还击，还一副桀骜不驯的样子，客户听到肯定立马走人。实际上客户在说这句话的时候他心里对你产品的评判其实已经有结果了，不然他为什么不直接到那家买而是跑到你这来跟

【L强金句】

反对客户的人都是不懂销售的人，跟客户对着干的人都是不成熟的人。

你说呢？客户来了，说明客户心里还是认可你的产品想买你的东西，只是他还有些别的顾虑，就差一个足以说服他购买的理由。有些销售员会说，那是因为你不专业，你看不出差别，外表看起来一样，实际上肯定是不一样的。这样说客户听了也很不舒服，客户是来买东西的，你这样说就是贬低客户，显得他不识货，伤害了客户的自尊。

有一个卖高端家具的销售员，他的客户就是这样跟他说的："你家的东西太贵了，一模一样的东西你就比他贵那么多。"这个销售员就很会说话，他说："姐，我之前有一个客户也是跟你这样想的，最后他就买了他家的家具，结果不到一年的时间，这个客户又来找我了，为什么呢？因为他买的家具全新的时候跟我们家的看起来是没什么差别，但是时间一久，家具照得到太阳的那一面颜色变浅了，他越看越不顺眼。而他的同学是在我家买的，比他的还早买两年，到现在都和新的一样，完全没变。所以他就决定来我们这把家具换了，他家装修那么好，不能被这样的家具拉低了档次，最后花了十几万元换家具。所以说一开始就选择好的，省得后面再换加大成本也浪费时间，我们是大牌子你放心，如果仅仅是依靠价格高我们能走到今天吗？没有质量做后盾我们能在这个市场走到今天吗？"结果客户一听就下单了。

这就是说话的艺术。在客户对你产品有异议的时候，不要跟客户对着干，要艺术性地表达说服客户，让他心服口服。

说话要幽默

谁都喜欢和幽默的人打交道，我上课时也希望学员在幽默轻松的氛围中学到销售的秘密，一个销售员如果能让客户在与你的沟通中轻松快乐笑得很开心，那成交就不是问题。

有一次，有两个保险公司的销售员，客户在做咨询的时候，对保险公司的办事效率持有怀疑态度。这时A公司的业务员说他们保险公司十有八九是在意外发生的当天就把支票送到投保人的手中。而B公司的业务员却说："那算什么！我的一位客户不小心从楼上摔下来，还没有落地的时候，我已经把赔付的支票交到了他的手上。"虽然是个小笑话，但最后，客户选择在哪家投保就很明显了。

学会赞美客户

每个人都希望得到别人的认可，希望听到赞美自己的话，客户也是一样，当你真诚地赞美他的时候，他对你的好感就产生了。赞美是拉近人与人关系的最好方法，我们每个人的内心深处最深切的渴望就是得到别人的赞美；作为一名销售人员，我们需要用赞美的语言去满足顾客的心理需求，和顾客拉近关系，从而助推销售的达成。

赞美客户是一种艺术，赞美不仅有"过"和"不及"，而且还有赞美对象的正确与否，不同的顾客需要不同的赞美方式。

当然前提是你的赞美是真诚的，听起来不是虚情假意奉承的话。没有经过思考脱口而出的乱赞一通不是赞美而是拍马屁。当客户明明脸上冒痘了，看起来就是没休息好皮肤差的时候，你如果说皮肤真好，客户会觉得你的话都是假的。那这个时候你如何夸客户呢？不要把客户的缺陷当优点来夸，而是找出客户身上其他值得夸的点，比如说他今天的穿着搭配很好看。客户可能会说，"哪里，这几天没休息好，脸上都长痘了。"你可以说，"你不说我都没仔细看，我的注意力全在你的衣服上，长痘说明你还年轻呀！"这样的表达就非常艺术，不是真诚地赞美比不赞美效果还差，因此要发自内心地仔细发现客户的美。

有一个服装店的老板很会赞美客户。有一次，我带妻子闲逛到这家店，其实只是闲逛并没有想要买什么。妻子看上一件衣服后就试了一下，结果穿上确实好看，妻子有点心动，准备脱下来的时候，这个老板娘走过来对妻子说了一句话，妻子立马去刷卡买单拉都拉不住。后来，我问她老板娘和她说了什么，她说："老板娘说人衣合一，这件衣服成就了你的美。我立马就心动了，就像是邂逅了一位知心人一样，我一定要把她买回家继续美下去。"

问对问题销售才能成功

世界一流销售训练大师汤姆·霍普金斯说："问对问题，每句话都要问对，直到销售成功。"世界一流效率提升大师博恩·崔西说："销售专业中最重要的一个字就是问。"

那些销售顶尖高手他们不是滔滔不绝地把自己的见识和经历推给别人，而是通过提问和倾听别人的谈话来了解对方的问题和要求，表达对对方的关注和重视。以此来赢得对方的好感和信任。善于提问，第一个好处就是你能控制局面。我们可以看看主持人的访谈节目，通过有计划的提问，主持人决定了访谈的方向和内容。这就是销售。当你尽力去销售或说服时，你通过提问可以发现他们感兴趣的领域，激发他们的兴趣。我们知道，销售就是要赢得信赖感，了解客户的问题和要求，然后用自己的产品或服务来解决客户的问题，满足客户的需求，客户的问题得了解决，要求得到了满足，你得到了应有的销售利润、服务回报，双方皆大欢喜，这就是一场完美的销售。

具体情境提问技巧

当客户进店后随便指一样东西问你这是什么，你就应该提问，请问你需要什么？以此来掌握主动权，而不是客户问什么你就回答什么，聊了半天都不知道客户的需求是什么，客户会觉得你不够专业，也会感觉你不够主动地为他服务，不主动说明就不热情，不热情就不在一个好状态，那你的销售命脉就被掐断了。

当你去向客户推荐一个产品时，如果客户说我不需要这个，你就可以用提问的方式来激发客户的了解欲望。比如说，你向客户推荐一个课程，客户说我听不懂我也不想学，销售员可以这样说："我就是从一个底层的销售人员做到现在年薪快20万元的，你想知道我是怎么做到的吗？如果我告诉你有一个方法可以让你的业绩翻上至少一倍，你愿意听吗？"

当客户问产品这么便宜，效果真的好吗？很多销售员会这么回答说效果真的很好，你不信可以买回去试试，绝对物超所值。一般情况下，这样是说服不了客户的，尤其是护肤品类。因为你的回答并不具有任何让客户愿意尝试的动力。当客户提出这个问题的时候，一定不要去正面回答，而是通过提问来化被动为主动。销售员可以这么说：最开始我跟您有同样的疑问。请问您是怎么看待价格和效果的关系的呢？这个时候看对方怎么回答，一般都认为价格高的效果好。销售员可以说：其实很多的朋友都是这样被商家误导的，因为产品效果是否好跟价格没有必然的关系。同时价格高可能是因为各种中间商、代理商层层加价，导致的价格高，并不是产品本身。我们代理这个品牌是因为我们亲身试用过确认有效果才会卖给你们的，你看，我自己就在使用这一套，以前我也跟你一样买那些贵的护肤品，自从我用了我们这个产品后，我才发现之前花了多少冤枉钱。

比如客户在买车时表示他比较看重油耗，想买节能的车。当你准备好听取他的最后决定时，你列举的购买原因可以以此开头："你不是说过，节油是你首要关心的问题吗？"这个问题就开启了肯定回答的动力，客户将顺着你的思路，不断地肯定，最终与你取得完全一致的回答。每个销售者应竭力获取肯定回答。一旦客户与你取得了某项共识，你继续提出恰当的问题，他们就会在你的带领下继续思考，直到得到足够的信息得出结论：没有你的商品或服务，他们的生活是不完美的。

不要轻易做承诺

销售员不要轻易给客户承诺可以给他多少礼品或者赠品，一旦承诺后再成交你送礼那是理所当然的。如果你的礼品是在成交后，客户要出门的时候你给客户一份礼物，说："姐，这个是我特地为你申请的，原本是没有的，但是我极力为你争取了一份，你收下。"这个时候客户的心里是充满感动的，因为这是超过预期的，销售要做的就是超过预期，让客户惊喜，印象深刻，首先降低客户的期望，超越期望的时候客户那份惊喜可想而知。这就是人性，当你提前承诺结果没有客户会感觉受欺骗，而原来没有期望得到什么最后却得到了就是意外的惊喜，客户就容易感动，客户会对你更加认可，也就更可能成为回头客甚至转介绍新客户给你。

因此，销售员不要轻易做承诺，如果承诺了，就必须做到，否则客户会怀疑你这个人的人品，更不要谈信任了。

如表 3-1 所示，五大场景话术模板可供参考。

表 3-1 五大场景话术模板

销售场景	场景描述	传统话术销售示范及点评		战神话术及点评	
		传统话术	点评	战神话术	点评
电销话术	酒店给客户打电话推销升学宴	包先生你好，我是华人慧酒店的，儿子考上了大学，祝贺祝贺，您放在升学宴如果您放在我们酒店办的话我们这边可以给您打85折，我们承办酒席非常有经验，您觉得您有时间过来看看吗？【×】	在电话里直接这样说大的概率客户都是拒绝，对客户没有吸引力，客花时间来酒店考察，同时，客户会觉得别家也会打折。	包先生，你好，我是华人慧酒店销售经理娄强，您的孩子考试成绩很好，我在这恭喜你！相信您现在接到很多电话要您订升学宴，其实每个酒店差别不会太大。而且我家知道孩子在大学可能会遇到各种的问题，我们酒店有一个专门做心理辅导的老师，可以给孩子进行心理沟通，引导孩子什么时候该怎么处，不能让毕业变失业。我给您什么时间可以带孩子过来，我们送您200元的油卡。您孩子班上好多同学都在我这办的，而且您这有个值活动，充50元送20只烤鸭。我们这个活动如果开车来营销打折。	1. 战神话术就把公司活动、客户得到的好处、方案全部植入进去。2. 掌握顾客心理，家长最重要的是关心孩子，打五折不是重点。3. 充值50元送20只烤鸭让客户有占大便宜的感觉，实际上这样做的时候不用打五折还让顾客感觉占到大便宜。4. 讲大中小包间可以让客户了解酒店规格。
陌生客户拜访话术	众世健康销售员上门拜访客户，客户说不需要之后的话术	我是来自北京众世健康的，我们这边是专门做传统健康和慢性病的，调整不需要吃药，针就功能拥有健康的身体，应用中医来调理您只需有几分钟来我们做微信吧【×】	传统话术中销售员就是移动的产品说明书，见面就根本不得入，把客户让全功尽弃，大急功一近利这时候客户只会本能地会拒绝。	王总，您您，我是来自北京众世健康的，现在整个大环境不好，我们的产品主要是针对调整亚健康，用自愈疗法，不吃药，打一下就能调理身体，今天来重点不是来说这个的，我这里有很多客户年底了要办年会，答谢宴，您这边能提供场吗？最多能容纳多少人？刚好符合我们客户的要求，这样吧，我给您介绍几个客户，到时候我带过来见个面，加个微信。	1. 找到客户卖点，找到客户的优势。2. 把自己的资源直接准确地对接给客户，一除了这么说，还要这么做。3. 利他思维。4. 陌生客户拜访必须产生"见面熟"。

120

第三章 销售话术

续表

销售场景	场景描述	传统话术错误示范及点评		战神话术及点评	
		传统话术	点评	战神话术	点评
店面成交后话术	文兴茶店给客户推荐信阳毛尖茶	我们的信阳毛尖是绿茶中最好的,可以美白抗氧化,女人喝了能美白减肥,男人喝了能解酒。而且我们取自北纬32度,茶芯一芽一叶,毛尖新叶两年才做原料,每年春季开始采摘,原产地直采,自主采摘,当制当烘,发明北方"三揉三烘"的清香红花制作工艺,口感醇香。[×]	这只是介绍产品功效,没有讲清楚产品的价值,给客户带来了客户购买产品的理由。	之前我有一个王女士,她专门买我们的茶送给客户,她送给客户的时候跟客户说我们的茶全部都是采用毛尖茶而制成的,特别稀有,特意托朋友买来送给您。客户收到礼物很高兴,这个客户本来是有些微胖的,喝了我们的毛尖茶几个月后腰线出来了,客户非常惊喜,打电话告诉她并且表示感谢。所以她后来只要送礼的时候都选用我们的产品。我们老板从农村出来,白手起家,二十年来一直坚持认真做好茶,他现在还是人大代表和优秀企业家,我可以人品来保证产品质量,我们每一盒茶都是用良心做出来的。	通过客户的案例来说明产品功效,把产品能给客户带来的价值直观地讲述出来,让客户认识到产品价值。另外,通过老板的故事让客户提供购买理由。给客户再相信任。
成交后要提前给客户做好工作,消除客户的后悔感。比如有客户买了衣服回家后觉得不好看	丽姐,如果您回去有人说你衣服不好看,不用听他的,那是他没有眼光,您要相信我的眼光,我买衣服这么多年了还能不知道您适合什么样的衣服吗?[×]	客户回家后老公觉得不好看,客户即使嘴上不同意老公的观点,但心里会产生后悔,怀疑销售员说的话的真实,从而对下次再来。	丽姐,您这个衣服买回去肯定有人羡慕,也有人嫉妒,还有对您的审美产生怀疑,因为每个人的审美不一样,有人说芽的太难看。这个时候您可以对他微微一笑,因为他不懂的。但是您身上还是要自己喜欢,毕竟您穿不是穿给别人看的,您说我们俩一致挑选的,您要大胆穿出自己的风格。	提前给客户消毒可以减少很多售后麻烦,避免客户跑过来纠结到那时你再解释就是不易相信的。
短视频	—	—	—	李佳琦在卖口红直播中,会亲自在嘴唇上试用,并且他的一句"Oh, my god"让无数少女疯魔。	这就是要有自己的关键词,并且做好垂直粉丝吸粉。

121

思考练习题

想想自己平时在销售时哪些话术有问题？列出来并且相应地写出正确的话术。

_____

_____

_____

CHAPTER 4

第四章
───────────
销售布局

布局就是对事物的全面规划和安排，销售布局就是对销售的全面规划和安排，学会销售布局就能够在整个销售过程中如鱼得水。一个顶尖的销售员肯定是善于布局的人，他看到的绝不仅仅是眼前的订单，而是像将军打仗一样能够站在一个指挥官的高度来规划自己的销售，知己知彼，将所有资源充分利用起来为自己的销售目标服务，在销售的过程有自己的一套销售逻辑，面对客户种种问题都能迎刃而解，掌握了销售规律能够应用自如，对自己的销售目标心中有数。做好销售布局销售业绩自然就会提高，当你的眼光和格局都达到一定高度的时候，你的成就也会更高。

做好销售布局，首先要有一套强大的销售逻辑；其次需要掌握销售规律；最后必须目标明确，并且将目标分解到具体可以执行和实现的小目标。销售逻辑、销售规律和销售目标三者构成销售布局，学会如何布局是一个销售员从底层员工向顶尖的 20% 的销售员努力蜕变的重要法宝。

颠覆传统的销售逻辑，向医生学习

我们做所有事情都需要有逻辑，逻辑就是你思考问题的方法和规律，具有主观能动性，缺乏逻辑思维能力的人就如同一个人偶，没有思考问题解决问题的能力。销售面对的是不同的客户，每个客户都是一独立的个体，有自己的思维和逻辑，在复杂销售中，没有任何两个客户会因为同样的动机买相同的东西。因此作为一个复杂的工作，销售更需要逻辑，有逻辑才能事半功倍。即便做了很长时间的业务员，甚至主管，当真正面对客户的时候也很容易被客户的问题所击倒。业务员学习了很多套路和技巧，但在他们的大脑里面缺乏了一样最重要的东西，就是销售的逻辑。所以结果往往每天披星戴月全力做到最好，仍是一无所获竹篮打水一场空！

那么销售员的传统逻辑是什么样的呢？我们应该如何颠覆这种传统的销售逻辑建立一套能够迅速成交提升业绩的逻辑思维方式呢？

认清传统销售逻辑的弊端

我们要向医生学习，医生在患者的心目中是权威的专家，医生通过询问，在沟通的过程中了解患者的问题，最后提出解决方案，患者信任地接受，最终能解决患者的问题。

因此，销售员首先要树立自己的权威形象，不断地询问准确识别客户需求提出解决方案，只要掌握了销售逻辑，销售就不再是难事了。

示范一：销售员传统逻辑示范

药店销售员：你怎么了，哪里不舒服？

顾客：我头疼。

药店销售员：我们这里有进口头疼药，吃了能见效。

顾客：这个药是什么成分？吃了有没有副作用？

药店销售员：没有什么副作用的，你放心吧，这个我们销售很好的，而且现在搞活动，买五盒送一盒，特别划算，可以放在家里备用。头疼就是你抵抗力太差了，你也可以买一盒蛋白粉喝增强免疫力。

我们可以看到上面的示范中，销售员在得知顾客头疼后立马就开始推荐产品，这在我们的日常销售中普遍存在。比如母婴店里客户说我需要奶瓶，销售员就开始向客户介绍我们有哪几款奶瓶，每种奶瓶的区别是什么，建议你怎么购买；或者说客户走进家具店要买家具，销售员就开始介绍自己的家具品牌，自己的家具优点种种，哪款卖得最好。你们有没有发现这里存在什么问题呢？

传统的销售逻辑就是客户需要什么销售员就马上开始向他推销，在不了解的情况下就开始向客户销售产品，成功的概率非常低。就拿上面的示范案例来讲，客户只是说了一句头疼你就推荐了一款产品，客户心里会想你了解清楚了没有，你推荐的这个产品是不是符合我的症状，每个人的情况都是不一样的,别人吃得好对我就一定有用吗?这个药是不是正规的吃了副作用大不大?在客户心里会冒出一连串的疑问。问题就是因为客户觉得你没有完全了解他的需求就推销,让他们识别出你是赤裸裸地以赚钱为目的的。

传统销售员就是喜欢代替客户做决定,在没有完全了解客户的想法就向客户推销产品,并且对客户说这个产品如何好,客户是不会认可的,客户只是有这个需求,具体他想买什么东西自己可能都还没有想好,你的产品价值客户看不到。因此,销售员的工作就是要让客户看到产品的价值,更重要的是让客户看到这个产品给他自己带来的价值,让客户意识到没有你的产品他的需求就无法实现。

医生式销售逻辑的精髓在于树立专业的权威感和提问

那么如何引导客户与你达成共识?如何让客户说出你想的话来?如何让客户做出你想让他做的决策呢?我们来看一下一个专业的医生是如何看病的,从中得到启发。

示范二:真实还原医生看病过程

医生:姓名?

病人:刘易。

医生:年龄?

病人:22岁。

医生:家住哪里?

病人:江苏淮安。

医生：哪里疼？

病人：头疼。

医生：有没有受过外伤？

病人：没有。

医生：按着疼吗？里面疼还是外面疼？

病人：都疼。

医生：原来疼吗？

病人：原来不疼。

医生：是一阵阵疼还是涨着的那种疼？

病人：一阵阵疼。

医生：最近压力大吗？

病人：还好。

医生：睡眠怎么样？

病人：挺好的。

医生：先去做个检查，验个血和尿。

我们来看上面的示范，医生式的销售逻辑就是不断地提问，在提问的时候引导你在思考，把你自己都问明白了，而且医生的每个问题都是有用的。

在一些专业化的产品的服务销售过程中，客户自己可能都不清楚自己的问题是什么。福特汽车创始人曾说：如果我问人们想要什么样的交通工具，他们会说是更快的马车。这就是典型的客户不懂自己需求的情况，那么客户在购买的时候就希望销售员在这方面是权威的，懂得比自己多，能够提供专业的服务。因此，一上来就推荐的传统销售逻辑必须升级，否则你无法树立自己权威的形象，一看就是廉价的营销。

要成为专业的销售员，给客户一种权威感，销售员必须升级自己的销售逻辑，转换自己的思维，你首先要清楚自己的产品能够解决客户的什么问题，满足客户哪些需求，必须具备诊断客户问题的能力并且成为客户问题和解决方案的专家。

学会提问，掌握 SPIN 销售法

当你在客户中树立了一种权威感后，客户才会相信你。

如何诊断客户的问题呢？答案就是提问，善于提问，不停地问，只要是为了帮助客户解决问题，什么都可以问。

英国的行为心理学家尼尔·雷克汉姆从 20 世纪 80 年代开始，通过与施乐、IBM 等数家世界知名公司合作，跟踪这些公司在全球三十多个国家的销售人员近 35000 个销售实例后总结得出了结论：销售是有规律可循的，销售是一门技术活。并总结出了一套科学的方法论——SPIN。S 指情况性问题或背景问题，通过情况性问题来了解客户的现有状况以建立背景资料库；P 指难点问题，探索客户隐藏的需求，使客户透露出所面临的问题、困难与不满足，由技巧性的接触来引起准客户的兴趣，进而营造主导权使客户发现明确的需求；I 指暗示问题，使客户感受到隐藏性需求的重要与急迫性，由从业人员列出各种线索以维持准保户的兴趣，并刺激其购买欲望；N 指需求 – 利益问题，让客户产生明确的需求，以鼓励客户将重点放在解决方案上，并明了解决问题的好处与购买利益。

SPIN 推销模型主要是建立在客户的需求上，因此问客户所重视的问题正是 SPIN 推销模型有效而且成功的主要因素，它的发问程序完全是配合客户在购买过程中的心理转变而设计的。

雷克汉姆通过研究发现，在销售的过程中，销售人员最重要的并不是滔滔不绝地向客户讲述产品有多好多棒。陈述是很难影响客户的看法的，一切的销售都是建立在你能够为客户解决问题的基础之上，所以销售人员的提问都是围着客户的难题这个中心的，通过难点问题让客户意识到自己的隐性需求，发现自己的难题、不满、痛苦所在，再通过暗示问题把这种难题的后果放大，最后用需求效益问题让客户看到解决问题所带来的收益，将客户的隐性需求转化为明确需求。

比如你去买电脑时，传统销售逻辑的销售员可能会拼命地跟你推销某一种的电脑说：

1.这台电脑很好，硬盘很大（你以为买电脑的都是要收藏一堆电影吗？）；

2.这台是金色的，土豪金是现在是最时尚的颜色（你觉得时尚，我觉得很俗）；

3.价格很便宜，今天买打8折（我要的不是便宜货，买个便宜货多没面子啊）。

医生式的销售逻辑用上SPIN销售法的销售员是这样问的：

（1）背景问题

A.你之前用的是什么品牌的电脑？

B.这次打算买笔记本还是台式的电脑？

（2）难点问题

A.之前的电脑在同时开很多个程序的时候，反应会不会比较慢？

B.你之前的电脑有没有发生过突然死机的现象呢？会不会觉得比较麻烦？

（3）暗示问题

A.要是在见客户的时候，电脑的运行速度比较慢，会让客户对我们的专业形象有什么影响呢？

B.有时要是急着去开会,需要打印电脑里面的文件,结果电脑突然死机了,会造成什么样的麻烦呢?

C.要是因为电脑慢,导致见客户的时候迟到了,会让客户产生什么不好的影响呢?

(4)需求效益问题

A.如果你的电脑运行速度快的话,那么对你的工作效率有什么样的帮助呢?

B.如果电脑运行不会轻易死机的话,能够减少多少的麻烦呢?

一个顶尖的销售员绝不是行走的产品说明书和活动的介绍员,而是善于通过提问让客户自己意识到自己的问题所在,意识到问题的严重性。正如医生看病的逻辑一样,通过不断地提问引导客户思考,直到把病人的问题都弄清楚了再来治疗,病人对医生的诊断也会安心。这种逻辑运用在销售中就是让客户自己产生必须要解决问题的明确需求,销售员是通过提问的方式引导客户,让客户自己说出自己的需求,自己得出结论,这样的话客户也不会产生抗拒心理。因为客户重视自己说的话,和自己所得出的结论,而不重视被告知的东西。

SPIN销售法的明显优点是销售人员控制了整个销售的方向,在销售过程中处于主动地位。让每一个销售员都活得有自尊,受消费者尊重,因为你是一个可以咨询和托付的伙伴,能够帮消费者解决难题,是双赢的关系,所以一个真正的好销售是把好的产品卖给合适的客户,而不是那些把梳子卖给秃头的人。

销售员必须改变你原有的销售逻辑学会问问题,提问的人控制局面。销售员提问,客户在回答你问题的同时能全身心地集中注意力到他自己在说什么。当你问客户:"如果我能解决你的问题,你愿意跟我说说吗?"客户大多数时候都是会回答你的问题的。这就是提问的魅力。

比如销售人员针对客户需求提出问题时，客户会感到自己是对方注意的中心，他会在感到受关注、被尊重的同时更积极地参与到谈话中来。

学会思维性转换

当然，我们销售员不是医生，在你提问的时候如果遭到客户的反感，客户说你问这么多干嘛？

面对客户的质问，销售员要大智若愚，如果你不知道如何回答，就要选择性忽略此问题，稍微暂停一下，接着问对你自己有用的问题，化解对抗。千万不要跟客户对抗，无论客户什么态度，销售员要保持自己的好状态，保持常态。销售员不仅要提问还要学会提问，在合适的时机提出合适的问题，要问到点上。

客户：你问这么多干嘛？

销售员：你来过我们店吗？（转换性思维，转移话题，不要直接正面回答，通过问题转移话题，同时问有没有来过可以区别新客户还是老客户，一箭双雕，问对问题。）

客户：没来过。

销售员：噢，我是本店店长，我的客户会来找我就是因为我的专业性。我们很多人都是第一次为人父母，我也是第一次，但是我帮助了很多父母，能聊聊吗？

不管客户如何抗拒，你只要保持常态，这样客户就觉得你专业，而且人性就是这样,如果你不因客户的态度而与他争执,客户就会觉得无趣从而好好对话,这个时候销售员还可以通过送小礼物的方式要到客户电话号码。这就是销售布局。只要你具备强大的销售逻辑,掌握销售规律,销售员就不再只是掌握销售技巧却不能灵活应对销售过程中的问题。

总而言之,销售不仅要树立自己专业的权威感,还要学会提问,学会察言观色,通过提问挖掘客户需求,通过问到点上引导客户购买,通过问题来与客户进行有效沟通,最终成交。

思考练习题

想想你平时的销售逻辑是什么样的,把它写出来,想想你的销售逻辑要怎么颠覆,在家练习一下。

_____

_____

_____

销售规律

任何事情都有规律，要想把一件事做好必须掌握规律，掌握规律的人才能把事情做好。销售员想要做好销售，就要掌握销售规律，只有掌握规律了才能不断地优化、提升。

想成为销售战神，就必须记住以下的销售规律：新客户卖老产品，低价卖；老客户出方案，卖高毛利的新产品。

新客户卖老产品，低价卖

面对一个刚进店的新客户，很多销售员会对新客户说："这是我们的新品，我们这款产品在搞活动，现在买非常划算。"但是客户却不为所动，原因何在？

就是没有掌握这条销售规律，面对新客户我们要以低价卖老产品，能成交多少算多少。首先，一个刚进店的新客户，对店面是陌生的，对产品是陌生的，对销售员也是陌生的，没有任何信任基础，如果向新客户推新品促销活动，客户很难接受，客户难以做出购买决策，因为他不确定自己要承担的风险。在前文中，我们讲过客户购买需要一个理由，当一个客户走进一家陌生的店，面对陌生的销售员，如果销售员推荐的是明星产品，那客户购买的概率就会大大提升，原因就是明星产品对新客户来说试错的成本最低。从心理学上来说，人都有从众心理，明星产品就是大部分客户都会选择购买的，那么说明买这款产品至少不会出错，而且其他客户就是案例，当客户对这个产品有需求同时又有很多案例佐证的时候，成交就不难了。因此，当一个新客

【L强金句】

不掌控销售规律的销售都会成为过眼云烟！

户进店时，销售要以低价卖老产品，销售可以说："这是我们的明星产品，这个产品已经卖了五年了，之前是130元一盒，现在是买一送一。"

让新客户低价买老产品，对销售员来说既让新客户体验到占便宜，同时也清理了库存，可谓一箭双雕。不是喜欢便宜，而是喜欢占便宜，占便宜对客户来说是一件提升购物体验百试不爽的策略，客户占到便宜之后会身心愉悦。如果产品试用感受好，客户忠诚度就会上升，甚至会帮你转介绍新客户。

改变固有的错误的销售思维，把握销售规律，让你轻松搞定新客，思维一变，市场无限！

老客户出方案，卖高毛利的新产品

在销售策略一章中，针对老客户的策略中我们介绍过，老客户对销售员和产品的信任度较高，向老客户再次销售的难度是新客户的七分之一，老客户再次消费的难度大大降低，因此，向老客户销售新产品不仅难度降低，而且老客户也需要新产品。试想，如果一个企业或者一个销售总是向老客户销售同一种产品，老客户在内心是否觉得这个企业没有创新，没有前途，太过死板？另外，老客户已经购买过明星产品了，对老产品的需求不大，甚至没有需求。因为人永远都是在选择更优的产品，没有人会停滞不前。比如客户买衣服，去年买了一件穿得好现在再次到店里来买衣服，他还会想买一样的吗？答案

是否定的，人都是择优而选的。

老客户更倾向于接受新产品，而新产品是企业和销售员业绩增长的重要动力，一般情况下，新产品的毛利比较高，销售员给老客户推销购买新产品的方案，业绩可得到迅速增长。这也解释了为什么老客户贡献的利润是新客户的16倍，高毛利产品创造出高利润。

只要你掌握了针对老客户的策略，让老客户感动，获得老客户足够的信任，向老客户销售就是一件轻松的事情，你给老客户出购买方案，将新产品打包促销一切都不是问题，销售就是获得信任的问题。

想要成为销售战神，必须掌握销售规律，掌握了销售规律，还要结合销售策略和销售命脉，加上行之有效的销售话术，才能成交。销售员要在整个销售环节完美地形成闭环，在实战中理清思路，掌握方法，而不是盲打瞎打。

思考练习题

你的销售布局是怎么样的？根据这一章的内容把你的新老顾客布局方式进行调整和修改。

_____
_____
_____

战神目标

一天，梭子鱼、虾和天鹅一起出门，它们在路上发现停着一辆车，车上有许多美食。于是，它们三个一齐铆足了劲发力，想把车子从大路上拖下来。可是，它们朝的是不同的方向，天鹅使劲往上提，虾是一步步用力往后倒拖，而梭子鱼朝着旁边的池塘拉去，最后的结果就是无论它们怎样拖、拉、提，小车还是在原地不动。

在这个故事中，它们三个无法拉动车子的原因并不在于车子太重，而是因为目标不一致，尽管它们都用尽了全力，但是依然达不到预期。从这个故事中我们可以得到启发。

销售是需要目标的，有了目标才能不断超越，挑战自己。而且目标是由目的和标准两部分组成，有目的就要有标准，没有标准的目的是无法实现的，设立目标也是有讲究的，合理的、正确的目标才能让销售员产生足够的动力，有了动力就会促使自己对成交和赚钱产生不可遏制的渴望，然后付出矢志不移的行动。

如果在大脑中想象你的愿望，并长期保持这种想象，一段时间的努力后你就会变成你所想象的那样。的确，目标是我们努力的方向，没有目标我们就只能在原地徘徊，到不了任何

【L强金句】

　　销售没策略只能算是瞎忙，战神没目标等于在市场"拼刺刀"。

地方。特别是一个销售员，如果没有目标，他就会变得无精打采，烦躁不安。没有明确的目标，在我们失足摔倒的时候，就容易失去工作的重心。一个销售员若想走上成功的道路，就必须要有明确的目标，然后在集中精力，心无旁骛，向着目标勇往直前，才可能获得成功。

设立目标需要遵循一定的原则，目标要合理而且可以分解，否则目标就没有任何意义。一个合理的目标必须是可以实现的，而不是头脑一热想出的，也不是毫不费力就能达到的。太容易就实现的目标没有激励意义，好高骛远的目标无法实现，又会使人有挫败感，这就很容易影响你的自信心。

远期目标可以大一些，但是近期目标应该在"跳一跳，够得着"的程度比较合适。这样，达成一个目标，你都会更进一步，循序渐进最终达到你的目标。

此外，目标必须要分解，能够具体到每天做什么，通过每天完成最终实现终极目标。在制定目标上有一个著名的 SMART 原则可供参考（如表 4-1 所示）。

表 4-1　SMART 目标制定

S	Specific 明确性	目标制定一定要明确且具体，不能模棱两可。
M	Measurable 可量化	不能量化的目标没办法后期追踪、考核或评估。
A	Attainable 可实现	目标制定务必现实，好高骛远的目标没有意义，相反目标过低也不行。
R	Relevant 相关联	目标和完成目标的人必须紧密相关才有意义。
T	Time 时效性	将目标拆分成几个小的目标及对应的完成时间节点。

制定目标的原则——SMART 原则

如表 4-1 所示，所谓明确就是要用具体的语言清楚地说明要达成的行为标准；衡量性就是指目标应该是明确的，应该有一组明确的数据，作为衡量是否达成目标的依据；可实现性是指目标是可以让执行人实现的、达到的，目标设置要坚持员工参与、上下左右沟通，使拟定的工作目标在组织及个人之间达成一致。既要使工作内容饱满，也要具有可达性。可以制定出跳起来"摘桃"的目标，不能制定出跳起来"摘星星"的目标。目标的相关性是指实现此目标与其他目标的关联情况。如果实现了这个目标，但对其他的目标完全不相关，或者相关度很低，那这个目标即使被达到了，意义也不是很大。时限性就是指目标是有时间限制。

销售员在给自己制定目标时可以参考 SMART 原则，给自己制定一个具体的可实现、可衡量的目标。所以说，想要成为销售战神，必须制定出自己的年目标、季目标、月目标和日目标，年目标是你的终极目标，然后逐层分级，将年目标拆分到季目标，季目标又分解到月目标，月目标分解到日目标，将目标变成具体的可以执行的，不打折扣甚至超额完成，这样一年下来你就能实现你的战神目标，你就是销售战神。

成为销售战神的年目标、季目标、月目标和日目标

销售战神的目标制定是围绕销售策略进行的，有了策略就需要执行，成为战神的目标就是要围绕如何把策略执行到位。我们把客户按陌生客户、准客户、老客户和大客户进行了分类，并且针对每类客户有相应的策略，策略对应到具体的执行上就变成相应的日目标、月目标、季目标和年目标。任何人成功

都不是靠运气，一个成功的人一定是有良好计划的人，销售员想要成为销售战神，也同样必须有目标，并且制定出每天的目标不断地确认和调整，确保每天的工作目标都能按时按量地完成，不会因为你的忙碌或者其他原因而拖延。

没有工作计划和目标的人是无法成功的，目标必须具体可视、可执行，而不是靠大脑来记忆，因为大脑是用来思考的，不是用来记烦琐事务的（如表 4-2 所示）。

表 4-2　销售战神目标突破表

数量	新客户	老客户	大客户	客向
日电话数量				
日信息数量				
日拜访数量				
月目标成交				
季感动数量				
年目标培养				

1. 日目标——每天打 100 个电话

前期的销售是一直给客户打电话、发信息、约见面，因此给自己定个具体的日目标：每天打 100 个电话。很多销售每天忙忙碌碌，想到什么事就去做什么事情，每天没有具体的目标，这样把自己累得够呛却出不了业绩，就是因为目标不够清晰，你不是朝着目标奋斗，而是成为日常琐事的奴隶。

每天 100 个电话并不是要求你像传统的电话销售那样盲打。盲目打电话浪费的是自己的时间也最遭嫌弃。这 100 个电话的对象就是销售策略中来自微信社群的客户。先通过社群营销和客户建立连接，当你们在微信上互动过熟悉之后，就可能通过打电话的方式加深沟通，建立更深的连接。"有事打一通，没事打一通，有事没有再打一通"，三到五次之后你和客户之间的关系就通了。这和拜访是一样的道理，三到五次才是成交的开始。当你跟一个客户从完全陌生，通过社群营销有过互动，然后根据自己的规划隔三岔五地跟客户电话沟通、信息互动甚至上门拜访后，销售就开始了，成交也会随之而来（如表 4-3 所示）。

表 4-3 销售战神日报表

姓名：	日期：	本月目标：	本周目标：	本次活动目标：
今日工作规划	电话量：新　（通） 回访　（通） 今日拜访：　（家）	微信/短信量：（条） 新增微信客户：（个） 写出企业名称：		今日成交金额（元） 客户：

续表

	今日工作总结								
日新增	客户名称	负责人	联系电话	开发渠道	规模	行业	类型	客户意向	链接情况
日拜访	客户名称	负责人	联系电话	拜访时间	陪同人员	第几次拜访	拜访目的	沟通结果	下一步计划

因此，不要害怕客户，要相信自己，相信自己的产品，相信客户会购买。在打电话之前收集整理客户信息，做好客户的信息管理，打有准备的仗。在你打电话给客户前，可以通过一切方法收集客户信息，包括客户的爱好、工作、公司、家庭信息等，用利他思维跟客户沟通，成功率就提升了一半。

当今社会，每个人都是一个 IP，每个人都是产品代言人，销售员要把自己树立成产品的代言人，自信地向客户介绍自己的产品，当你的客户信任你，你给客户介绍什么产品客户都会买单，客户就是你的忠实铁粉，你的销售就已经不再停留在为销售产品而销售，你已经升级成更好更高级的营销。

跳出自己的舒适圈，挑战自己，当你战胜它之后你就成长了。销售的最终标准就是不需要打电话，你只要负责接电话，最终客户直接打电话找你买东西。

2. 月目标——聚集要成交的客户的名单金额和时间

在月初列出你本月想要成交的客户名单，写出成交金额和成交时间，把目标变得具体可实施可衡量。

很多销售员的月目标只是一个笼统的数字，实现销售额 30 万元，然后具体成交几笔、要成交哪些客户都没有罗列好，导致快到月末的时候业绩没达到就开始以降价为代价以此来使业绩达标，即使你这个月达标了或者这个月业绩很好，那之后呢，很可能业绩做得就像哮喘一样忽高忽低，非常不稳定，这就是因为没有一个统筹的规划，你的月目标不够具体，只是有一个成交额，成交客户、成交时间全都是未知，把自己的业绩交给运气。

在制定目标的时候我们要参照 SMART 法则，在制定月目标的时候，就要聚集成交的客户上，做好客户的信息管理，在掌握客户信息的基础上，按照"泡"客户的方法做，把客户逐个击破，销售就是要跟客户持续不断地互动见面，如果不在客户那里就在去见客户的路上。

制定好月目标及每个客户的具体成交金额和时间计划之后，就可以按照计划稳步地完成，避免月底为了达成目标而降价，也保证了每个月业绩的稳定，防止哮喘式业绩波动（如表4-4所示）。

表4-4　销售战神（月度）目标客户作战分析表

客户类别	客户名称	所属行业	团队人数	意向产品	成交目标	成交热度	成交障碍	责任伙伴	备注

总结：　　　　　　客户数量：　　　　新客户数量：　　　　老客户数量：

3. 季目标——感动老客户计划

在你完成月目标后，客户成交了，他们就变成了你的老客户。针对老客户，销售员要做的事就是感动老客户，你应该列出你的老客户名单，做一份感动老客户的方案，确定方案执行时间和标准，目标清晰可实现可衡量，销售员就不会迷茫不知所措，业绩不再忽高忽低不可控，而是能够持续稳定地增长。

把感动老客户作为季目标，当你真的执行并且实现目标的时候，你会发现业绩迅速增长不是难题。老客户感动后不但自己会再次消费，还会乐于给你介绍新客户，愿意分享自己愉快的购物体验，老客户的口碑就是活广告，老客户就是产品的代言人。

4. 年目标——大客户送礼计划

大客户要送礼，送礼是情感的储存，送礼是投资，只有懂得投资的人才能有收获。针对大客户，销售员要拿出工资的10%来送礼，公司送给客户的礼物和销售员自己掏腰包送礼的效果是不一样的，想要有好业绩，必须学会送礼，列出你的大客户名单，根据客户信息选择相应的礼物，做出年度送礼计划，培养你和大客户之间的感情。

懂得送礼的销售员回报都不会少，送礼一来可以增加你与客户见面的机会，二来可以让客户对你有印象和好感，培养你的客户的习惯，当客户习惯收到你送的礼物时，说明客户已经信任你了，你和客户之间的连接就建立了。

给大客户送礼，送礼要频次多无需求感，就是说当大客户的生日、结婚纪念日或者客户在意的日子你都可以适当送点小礼品，不夹杂着销售的目的。当你频次够多，客户对你的好感度直线上升，当你确实需要客户帮忙冲业绩的时候，只要你跟客户提一句，相信会一呼百应。

销售员送礼客户不喜欢收的原因，就是知道你就是要卖东西给我，客户不喜欢这种直接的销售。当你和客户关系不到位的时候，客户不爱接受，毕竟欠人情，中国人有句古话：拿人家手短，吃人家嘴软。

因此，给大客户送礼要讲究方式方法，送礼要掌握诀窍，发自真心地给大客户送礼，频次高而且不要夹杂太强的目的性。

销售员可通过如图4-1、图4-2、表4-5所示来记录自己的目标达成情况。

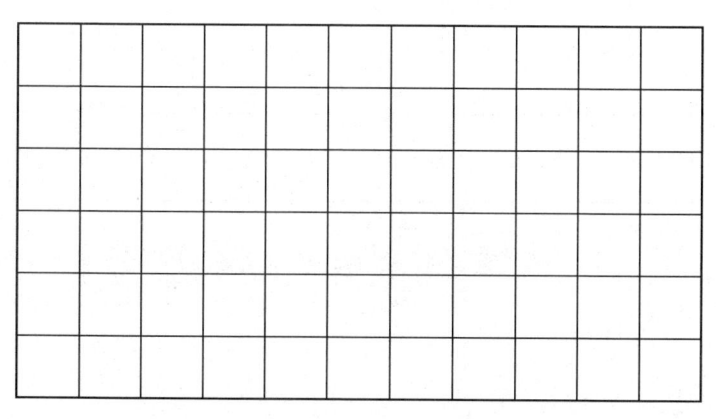

图 4-1　销售战神业绩曲线图

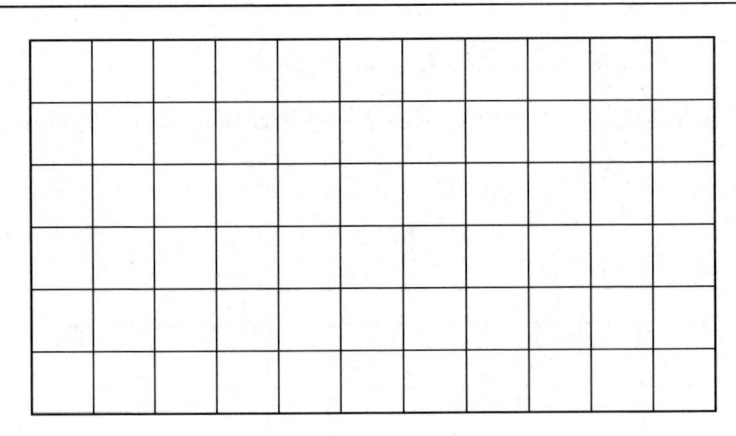

1月　2月　3月　4月　5月　6月　7月　8月　9月　10月　11月　12月

图 4-2　销售战神收入曲线图

表 4-5 销售战神目标分析表

销售员		年度销售目标（万元）	第一季度 保底： 冲刺： 实际完成				冲刺 第二季度 保底： 冲刺： 实际完成				竣极 第三季度 保底： 冲刺： 实际完成				客户数量（个） 第四季度 保底： 冲刺： 实际完成				年度新客户（个）	合计
季度目标			1月	2月	3月		4月	5月	6月		7月	8月	9月		10月	11月	12月			合计（万元）
月度目标	保底																			
	冲刺																			
	实际完成																			
销售额（元）	计划																			
	达成																			
回款（元）	计划																			
	达成																			
拜访量（个）	计划																			
	达成																			
新客户拓展（个）	计划																			
	达成																			
咨询客户促成（个）	计划																			
	达成																			
老客户维护成本（个）	计划																			
	达成																			

思考练习题

　　根据这一节的内容制定出你的销售战神年目标、季目标、月目标和日目标，将目标打印出来贴在你随处可见的地方。

CHAPTER 5

第五章

化解抗拒点

作为销售员我们要改变思维，不要把客户的抗拒当作不购买，相反，客户所有的抗拒都是想购买，只是想通过抗拒来得到实惠。因此，当客户在抗拒的时候，我们要用默认的方式来认同客户，给自己片刻时间来思考如何去化解抗拒，记住所有的抗拒都要用案例来化解它。这就是案例的神奇之处，化解客户的抗拒就是要熟练灵活地运用销售话术，选一个经典的案例，故事性传播，戏剧性放大，艺术性表达，巧妙地化解客户的抗拒。

客户的抗拒点有哪些

1. 太贵了。
2. 我再转转。
3. 我不了解你家的品牌，没听说过你家牌子。
4. 我再考虑一下。
5. 同样的东西，你们为什么比别人贵？
6. 如果出现问题怎么办？
7. 我只是随便看看，等需要的时候再找你。
8. 你价格再优惠点就在你这买。
9. 别人说你家的不好。

思考练习题

　　面对客户的九大抗拒点，你在销售中是如何做的，把它如实写出来，待看完这一章后再来反观自己的做法哪里需要改进。

_____

_____

_____

客户抗拒的原因

作为销售员，我们必须摸清楚客户抗拒的原因才可能对症下药，化解抗拒。客户之所以抗拒最大的原因是对销售员的不认可，有句话叫"没有卖不出去的货，只有卖不出去货的人"。我一直强调当今时代是人与人的竞争，产品与产品竞争的时代已经结束了。

在销售中，我们会发现，同一个产品，客户在和你沟通的时候可能全是抗拒，可换另外一个人他可能就愉快地成交买单。这就告诉销售员，客户的抗拒很多时候是表象，客户的抗拒最终是对销售员的不认可。当你没有掌握客户的需求时你去给客户推荐介绍，客户的抗拒就开始了，客户会说我不需要这个；当你和客户关系没搞好时，客户的抗拒点就是我已经在其他家买了；当你的服务没到位时，客户的抗拒点就变成你们服务没有别人家好；总而言之，客户所有的抗拒都是因为人，只要和客户建立了感情，处理好关系，销售就不再变得困难重重，你可能在跟客户闲聊压根就没聊产品，客户选好产品就直接买单。所以说，人与人的竞争时代，销售员必须从自己身上去找突破口，把握好自己的销售命脉，用对策略，讲好话术，用对逻辑，最终客户的抗拒也将迎刃而解。

因此，我们可以看到客户不购买不成交产生抗拒的原因在于害怕遭受损失和买错了产品带来的恐惧，那客户为什么会有对损失和错误的恐惧，最大的原因还在于对销售员的不认可，销售员没有给客户带来可信赖的安全感，客户不能完全信任销售员的时候，自然对产品是怀疑的。

我们必须牢记一点，销售员要学会提问，学会讲故事，而不是做产品说明书。在销售中，销售员不停地陈述自己的产品有多么好，结果客户要么开始抗拒要么就走了。原因就是销售员说得太多，把焦点放在自己身上，而客户被完全忽略，客户的需求、客户的习惯和客户的心理无人理会。当你一直在陈述产品的优点时，客户在心理上就产生了巨大的购买压力，为了释放或者抗拒这种压力，客户会本能地采取质疑的态度，他会全神贯注地关注销售人员在陈述（展示）中存在的缺陷。而销售人员的陈述一旦停下来，客户就会开始反击，反击的手段就是提问，客户会提出主观甚至幼稚、片面的问题与异议。当然，客户几乎也会本能地问到销售人员最不愿意回答的问题——价格，而价格恰恰是客户拒绝销售人员最冠冕堂皇的真实谎言。

就这样，客户赢得了对话的控制权，他轻易地摆脱了销售人员。客户会主观地得出"不需要"的武断结论，或者，他会干脆以"考虑考虑再说"之类的话来推托。所以，如果遇到客户马上谈到产品与公司，其实就等于是在鼓励客户向我们提问，完全陷自己于被动之中。

因此，必须改变自己的销售逻辑，销售员始终要牢记，学会提问，让客户多说，鼓励客户多说，学会倾听，在客户说的时候就可以了解客户的需求、习惯等一系列情报，而不是一直在陈述产品，让客户没法参与进来。

总结起来客户抗拒的原因主要是以下几个。

1. 对产品没有需求

销售员如果不能准确地识别客户的需求，客户是肯定不会买单的，当客户需要工程用的地板，而你强行推销高端实木地板，不管你口才有多好，你的状态有多棒，你有多么自信，客户也绝对不会买单，因为他的需求是工程板，有严格的预算控制。当客户小孩出生后急需要的是奶瓶，而你在客户一进门就跟客户说我们的待产包在搞活动很便宜，客户都已经生完小孩了还要待产包做什么呢？客户只会觉得你太不专业，作为销售员，在没搞懂客户的需求时就开始推销。

准确识别客户的需求，是一个销售员必须掌握的本领，对产品有需求，客户才会愿意了解你的产品，准确识别客户需求同样需要销售员多问少说，通过提问让客户说出自己的需求，好的销售员不仅能了解客户需求，还能挖掘出客户自己都不知道的需求。当客户自己都不清楚自己的需求时，销售员如果能通过提问让客户明白自己的需求，了解自己需求的迫切性，从而成交，这就是销售员中的 20% 的人群，这 20% 的销售员赚走了 80% 的销售员的钱。

2. 认为产品贵是没有认识到产品的价值

当客户说产品太贵了，因为客户没有认识到产品的价值和品牌的价值。贵是相对的，当你认为这个产品只值 100 元的时候，产品价格却是 200 元，你就会觉得贵。当你充分认识到产品和品牌的价值，你对这个价格就不会有异议。

当客户说产品太贵了，销售员要集中精力到产品的价值建构上，而不是通过简单地降价或者给客户优惠这种粗暴的方式，让客户认识到产品的价值远远超过这个价格，客户才会成交。如何展示你的产品价值，那就是通过讲案例讲故事来将产品价值立体展示出来。

3. 希望货比三家

客户说我再转转或者我再考虑一下的时候，很多时候是因为客户对你还不是完全信任，客户需要货比三家。

客户一旦走出你这里，会回头来买的概率是相当低的，因此，销售员要想尽一切办法把客户留下来，跟客户沟通，了解客户不购买、不成交的原因。

4. 希望向你求证，得到一个购买的理由

当客户说你和别人家的产品差不多但是你们比别人贵的时候，客户其实是在向你求证，希望得到一个足以让他购买的理由。

有的销售员听到客户在拿自己的产品和别的品牌对比的时候，容易情绪激动。尤其是当这个品牌比自己的产品差很多的时候，销售员会感觉自尊受到挑战，部分销售员会很有优越感地跟客户说我们两个产品不在一个档次上，或者说那个产品没法和我们的比，或者说一分钱一分货，同等的价值对应同等的品质，这些说法都让客户的自尊没得到满足。当你这样跟客户说的时候其实就是贬低竞品，贬低竞品的言外之意就是客户没有审美，客户的眼光不如你。这就是客户听了掉头就走的原因。

实际上客户是以这种抗拒的方式希望得到一个让他购买的理由，这个时候不仅要态度好，而且还要非常专业地指出两个产品在细节之处的差距，也可以通过案例来让客户更加清楚产品的特性，更要让客户感受到被尊重。事实上，客户在这样说的时候他的态度已经很明显了，客户对两个产品的倾向性很明显，客户来就是购买的，否则他没有必要跑到这边跟你说这句话，客户直接在另一家购买就可以了。因此，销售员一定不能把销售命脉斩断了，必须状态好，状态好客户才可能成交。

5. 希望得到更多的优惠

当客户在成交前说你再优惠一点我就下单，这个时候就是销售员与客户

进行谈判的关键时刻，客户就是要占便宜。

当客户提出这个要求后，销售员让价需要有策略，不能立马答应，如果你是急于成交立马答应了，那么客户心里不仅感觉不到占便宜，反而会觉得这个价格你答应得如此爽快肯定赚了她不少钱，客户会从心里觉得自己吃亏了，上当了，从而认为你不值得信任。你好不容易构建起来的产品价值将荡然无存，客户会觉得这个价格还是虚高的，即使价格已经降到了最低，客户依然没有占到便宜的感觉，相反，客户有种吃了大亏的感觉。

作为销售员，就要和客户软磨硬泡，客户让你再优惠一点就购买，说明客户是信任你的，只是想再占点便宜，销售员可以通过增加附加值或者跟客户表明只要以后有优惠活动或者礼品一定给客户预留等方式，让客户的要求既得到满足，又同时坚守不再降价的原则让客户感觉产品的价值已经不允许再降价了，这是一种技巧，当然还有很多方法，销售员在日常销售中可以注意观察和积累处理方法。在自己购买的时候也可以尝试觉察感受一下自己在提这个要求的时候是怎么想的，想要得到什么样的回应，应用到自己的销售工作中，对你的业绩提升有所帮助。

做销售一定要了解人，懂得人性，客户喜欢的不是便宜，而是占便宜，当客户感觉自己占到便宜时，客户就会有购买的欲望。正如超市打折促销的时候，我们经常会买很多看似便宜实际用不上的东西，就是因为想占便宜，买到就是赚到，不买就会觉得自己吃亏了。销售就要了解人性，满足人欲，化解人心。

客户抗拒的原因最终还是要从销售员自己身上去找原因，销售员如果能把销售命脉把握好，掌握销售策略，内化销售话术和销售逻辑，在面对客户抗拒的时候就能找到钥匙，打开客户心门，将客户的抗拒化解的悄无声息，培养自己的忠实粉丝，当你的客户成为你的铁粉后，抗拒将荡然无存，你就是专家。你不需要打电话给客户只需要接电话就有业绩，你不需要推销就有客户主动找上你，你不需要推销产品客户主动跟你下单。

思考练习题

把上一小节你思考练习题里应对客户抗拒的做法拿出来对照一下，写出客户拒绝你的原因。

_____
_____
_____

化解抗拒点的示范

客户所有的抗拒都要用案例去化解，在面对客户抗拒的时候，如果能将销售话术消化吸收并进行灵活应用，所有的抗拒将不存在。

下面我们将针对以上列的八大抗拒点进行化解示范（如表 5-1~ 表 5-7 所示）。

表5-1 化解抗拒点之一"太贵了"

情景描述	传统成交法	战神成交法
你是卖衣柜的，客户说你家的柜子太贵了	不贵呀，我们家的柜子是名牌产品，质量好，好了才贵呀，我们比较价格的时候要看质量，不能拿三流的产品来比一流的产品价格。我们家的产品质量，您随便去哪一家对比，绝对过硬。而且现在都讲究环保，我们的板材是E0级，零甲醛，装完马上就能使用，您不相信的话可以拿检测的设备去测。	噢，我们之前也碰到了一个客户，他一开始也是和你这样说的，觉得我们的柜子太贵了，比较来比较去，最后他选择了在别人家买相对便宜的家具，结果一年之后他家的柜子柜门颜色变得不一样了，光线好的地方颜色变浅了，她的亲戚是在我们家买的，比他家的买得还早，尽管阳光照射，但是柜子还跟新的一样，颜色一点没变。所以说我们的柜子无论你把它放哪里，它的颜色都不会改变，我们的产品为什么能做到这样呢？接下来就讲专业知识。 再接着说，我们的产品一卖就卖了几十年，如果说我们只是比别人贵，我们能走到今天吗？我们之所以能走到今天，就是因为我们的产品品质。 之前那个客户上个月到我们这来找我了，他说后悔死了，因为柜子要是全部重新换要不少钱，最后为了节省开支，他只能把柜门全部换了，就这样都花了好几万。就像我们买车一样，汽车从外表上看起来都是四个轮子，在马路上跑没有任何问题，但是你会发现有钱人都买宝马、奔驰、路虎，没钱的可以买大众、尼桑等品牌，平时用起来都差不多，但是在高速路上当你紧急制动的时候差别就出来了。普通品牌的汽车在你踩紧急刹车的时候汽车由于惯性依然往前飘，宝马路虎这些品牌汽车在120码的情况下当你紧急制动的时候就能在100米内刹车。我有一个朋友，他很有钱，但是他觉得车能开就行，没必要买什么品牌车，结果就买了一个普通车，但是有一次在高速公路上就是因为紧急制动失灵，出了车祸。所以说所有好产品的价值是在关键时刻体现的，尤其是汽车。奔驰、宝马和路虎在外形上看起来和大众车没区别，但是关键时刻他能救人命，我们都明白一句话"一分钱一分货"，尤其是品牌产品，品牌产品是要做长线的，绝对不可以欺骗消费者。
点评	传统成交法这种说法都是错误的，他只是自己把产品的卖点讲出来，但是对顾客没有任何价值，顾客反而会质疑提出一系列问题来反驳你，销售员讲的内容对顾客来说没有价值，激发不了购买欲望。	战神成交法在化解客户的抗拒时，销售员要先用默认的方式认同，比如你回应客户"噢"这一句，先默认客户的抗拒，在默认的同时也是给自己片刻的时间来思考，再用案例来化解客户的抗拒，讲完案例再类比，最后给客户下一个零风险的保障，成交就不远了。

表 5-2　化解抗拒点之二 "我再转转"

情景描述	传统成交法	战神成交法
客户说我再转转	您再转转最后肯定还是选我家的，因为我家的产品我有信心，我们坐下谈谈吧，你有什么要求可以提出来，我可以满足你。	噢，你想去哪家呢，刚好我在这行做了很多年，而且我也刚好有时间，你想去哪家转我可以陪你去看看，保证你不会买贵，你不会有任何损失。客户可能会说不用了，你接着说我跟着你不会打扰你的，我还能帮你参考参考。销售员这么说的目的就是让客户觉得你人好，最终留下来成为你的客户。 我们来看一下乔·吉拉德的故事。 乔·吉拉德创下了卖汽车的吉尼斯纪录，他曾经真的陪一个客户去其他家看汽车。转了一圈之后客户跟他说我们回去吧，他问客户去哪？客户说回你那去买车。他说不去别家再看看吗？客户说，不用再去了，我们已经去的这些家态度都不行，还是你的态度最好，就去你那买。
点评	销售员自己对产品有信心并不能挽留客户，而且过早地让客户提要求并承诺满足客户的条件，这样的销售是不会成功的，得来太容易顾客反而不敢购买，顾客会认为你赚了他很多钱，更坚定了他要货比三家的想法。 客户如果真的走出去之后，可能就成为别人的客户。	乔·吉拉德是真诚地为客户着想，尽管客户没有对他完全信任想货比三家，他依然能够用良好的状态真诚地为客户服务，在陪客户看的过程让客户感受到他的良好的热情的服务态度，最终拿下了订单。所以说，竞争到最后归根结底是人与人的竞争，销售员改变自己的思维之后市场将不再难做。 站在客户的角度为客户思考，这样客户会觉得你很真诚，不只是想赚他的钱。 从某种意义上说，销售的过程就是一个展示态度的过程。销售员的态度不好，会导致优质产品被顾客不分青红皂白地拒绝。倘若销售员的态度极佳，顾客对先前的拒绝行为感到抱歉的情况也并不罕见。

表 5-3　化解抗拒点之三"我没听说过你家品牌"

情景描述	传统成交法	战神成交法
客户说我没听说过你家品牌	方法一：我们这个牌子都没听过吗？我们是十大名牌，在央视和高铁站都有做广告的。 方法二：这个牌子我们没有做广告，但是卖得很好，市场反馈很不错。	我们确实没在电视台或者其他平台做广告，也没有找知名的明星做代言人，因为我们老板的定位就是高品质代价位，把广告宣传费让利给消费者，让我们的客户使用后口口相传，形成良好的口碑，我们老板认为要让我们的客户成为我们产品的代言人。 我们之前有一个客户，到我们家专门买了这个产品和品牌的作对比，结果发现我们家的产品品质与品牌的没有任何差别，他回来跟我说以前他总是买品牌的产品多花了很多的冤枉钱，从此以后他就给我们向身边的人宣传，介绍了很多客户过来买，他的口碑就是最好的广告。
点评	方法一点评：当你这样回应客户的时候你就是在跟客户对抗，从客户的心理上来说，客户有逆反心理，销售员这么回答让客户感受到不被尊重，而且销售员的回答并没有起到消除客户的疑虑的作用，反而让客户尝试购买的欲望都被掐灭了。 方法二点评：当你就这样平淡地说出这句话后，客户依然不会相信，因为人性就是宁愿相信自己原有的判断，而不愿相信被别人告知的事实。	销售员首先要保持状态好，掌握销售命脉，以热情、专业、自信的态度接待客户，在销售产品之前首先把自己销售出去，让客户对你留下一个此生难忘的第一印象，客户对你信任之后，你再销售产品成交的概率就大了很多。一个状态好的销售员是有能量的，这个能量可以影响到客户，人都是喜欢和正能量的人在一起交流沟通。 有好状态接待客户，让客户感受到你的热情和真诚，其次就是用销售话术来化解客户的抗拒。选取一个经典的案例，用讲故事的方式把案例讲的生动，突出产品卖点，让客户认识到产品的价值。

表 5-4 化解抗拒点之四 "我再考虑一下"

情景描述	传统成交法	战神成交法
一个买汽车的顾客说我再考虑一下	好的,那你考虑一下,需要的时候再联系我。于是客户就顺利出门了,然后客户就流失了。	我之前有一个客户,他也是说考虑一下,结果在考虑期间有太多的销售员给他推荐汽车,最后他就在另一家买了。 结果过了两三个月,他又开着汽车来我家了,我问他在别人家买的车怎么现在来我这里呢? 他说我当时说考虑考虑,你为什么不帮我下决定呢?你看我买的车,现在全是小毛病,窗户摇不上去,车灯有时突然不亮了,这些小毛病接二连三的出现。所以我恨你当时不给我下决定。 所以说考虑考虑可能就会错过这次购买,错过这次购买可能就买不到你想要的。 这样吧,你今天把订金先交了,交了订金你再考虑,这样避免你受其他人的干扰。三天之后如果你不想买了到时候我再把订金退还给你,钱还是你的钱。我是为你考虑,从你的角度思考,毕竟买车也是件大事,需要考虑,所以你交完订金可以静心考虑,如果有不明白的地方可以给我打电话,我给你提供专业的解释。
点评	我们听到客户说再考虑一下的时候,说明客户在成交前还有顾虑,客户还在担心一些问题,销售员的任务就是让客户在店里完成再考虑,一旦客户走出门后很可能就不再考虑你的产品或者是被其他品牌吸引最后被别人成交,你的机会就没有了。	战神成交法在化解时依然是选用案例,任何抗拒都要用案例来化解他。首先,要把产品的功效和特色能够信手拈来,接着再通过客户的案例,给出其他客户的使用反馈,图文并茂,利用与其他客户的聊天截图或者是朋友圈反馈等第三方证明。 其次,站在客户的角度为客户思考,这样客户会觉得你很真诚,不只是想赚他的钱。对售后服务做一个100%的保障,甚至可以把自己的手机号码留给客户,这样可以保证即使公司倒闭了只要客户打电话你都可以进行售后服务,把客户的疑虑彻底打消,让客户在你的引导下完成第二次思考。 最后,用订金的方式让加强顾客的购买欲望,让顾客定心,而且承诺三天后如果不买订金退还,解决了顾客的后顾之忧。

表 5–5　化解抗拒点之五"同样的东西你们为什么比别人贵？"

情景描述	传统成交法	战神成交法
客户说同样款式的衣服为什么你们比别人贵	那个牌子和我们的品牌不能比，款式相同的东西很多，质量可是完全不一样的，手感材质各方面都不一样。	你说的那个品牌我知道，从款式上看确实差不多，但是仔细比较还是有不同之处的，比如这个地方……这个地方……这都是细节。之前也有客户跟您一样说的，觉得我们的衣服和别人家的款式一样但是比别人贵一点，最后这个客户就去他家买了，结果穿了一次就起球了，这个客户又是有强迫症的，她又特别喜欢我们的衣服款式，于是又跑回我们这边买了一件，到现在第二年了还在穿，现在已经成了我们的老客户了，一年在我们这买不少衣服，她说别看款式一样，质量是真不一样，在我们这买放心！你在我这买的如果穿一次就起球了我全额退款。
点评	直接说客户认可的竞品没有自家的产品好，是对客户审美的贬低，会让客户感觉不舒服，更容易引起客户的抗拒。	当客户拿你的产品在对比的时候，销售员依然要保持好状态。尤其当客户在对比其他品牌时，销售员要控制自己的情绪，依然保持好状态，这就是自信。 当客户在对比时，一是客户对两个品牌的差异确实不了解，二是通过说竞品的优势来压价，希望得到更多的优惠。销售员在了解了这两个原因后就可以轻松应对，首先销售员要了解市场上自己竞品的优点和缺点，更要了解客户心理。了解了竞品之后，不管客户和哪家品牌对比，你就能指出自己产品与竞品的差异，突出自己产品的卖点，戳中客户的痛点，再通过案例来说服客户。

表 5-6 化解抗拒点之六 "网上比你们店便宜"

情景描述	传统成交法	战神成交法
客户在鞋店买鞋，试穿后说你们天猫旗舰店有这个鞋子，比你们店便宜	网上假的多，可能被调包，而且没有售后服务。鞋子还是要试穿，因为网上的你试不到，鞋子没试可能会不合脚。	是这样的女士，网上的产品确实是便宜点，因为网上旗舰店里主要是配合线下清库存的作用，可能你买的都是即将过时或者退市的尾单，我们实体店不一样，我们新品更换是很快的，所有最新的产品肯定都是先在实体店来销售。你现在在我们店看到的新品网上是肯定没有卖的。 所有你在网上看到价格低的也是清库存的特价。 可能你在网上花了299元买了一款快过时的产品，在我们这可能还更便宜。 上次有一个客户，她也是这样说的，最后她从网上买了一双，一个月后又逛到我们店发现同款鞋子我们店清库存只要219元，她一看特别后悔，她说早知道我当时就不买了，现在买还便宜80元，而且现在买的话我还不如再加点钱买新款，我就不会买这个老款了。 所以说不能图便宜，我们买东西要买自己喜欢的，爱自己才能爱别人，我们要做自己的女王，宠爱自己。
点评	这样说给客户的感觉就是销售员想赚钱，同一个牌子销售员说旗舰店的产品不好，就是对自己品牌的损毁，前后矛盾。	目前消费者都有网购的习惯，仅仅是说网上的和实体店东西不一样之类的完全没有说服力。 化解客户抗拒的最主要的方法还是要用案例，站在客户角度，真诚地为客户分析，上面战神成交法中用网上销过时产品这一点准确地把握了客户喜欢求新追求潮流的心理。而且利用客户心理，让客户觉得自己值得更好的。

表 5-7　化解抗拒点之七"你家的有没有假"

情景描述	传统成交法	战神成交法
一个客户来买酒，客户问你家的酒有没有假的	我家的酒绝对是真的，100%的真货，我们从来不卖假酒。 而且我们做的都是长线生意，怎么可能卖假货来砸自己的牌子呢？	我们之前有个客户是单位领导，他来我这买酒，第二天跑过来问的也是你这个问题，他说你家的酒是假的，茅台我喝过太多了，你家的味道和我以前喝的全不一样。 我说不可能，假一罚十，您可以去检测一下。于是他把这个酒和他家的酒都拿去检测，鉴定结果出来他都惊讶了，我们家的酒是真的，他以前喝的都是假的。他过来跟我说："你家的酒是真的，我这半辈子喝的都是别人送的，原来我喝了半辈子的假酒。" 所以说，就算市面上99%卖的是假酒，我们也不可能是假酒，我们家的绝对是真的。如果你买到假的，我们假一赔十。
点评	这样直接自己说自家的酒是真的，客户在和你不熟、不信任的时候依然不相信你说的话，太过直白生硬。	客户所有的抗拒就是要用经典的案例化解，上面战神成交法就选取了一个经典的案例，让客户对酒的真假有了明确的判断。

思考练习题

根据这一节的示范,自己写出应对九大抗拒点的做法,并在家训练至熟练,举一反三。

_____
_____
_____

后　记

人生无处不销售，销售无处不成交。

销售的过程是艰难和复杂的，一旦你掌握了销售的命脉，你的销售思维就会改变，你会抛弃销售是充满压力。销售是艰辛的想法，你以为销售是在求客户购买，实际上不是的，销售是传递一份爱，传递美好，销售是一件非常有意义的事情。

销售员在销售产品的过程中，是为了帮客户解决问题，销售员要明白自己不仅仅是卖产品，而是在解决客户的问题，在传递一份爱。销售员对客户要有真诚的爱，因为人性就是对所有产品都会设防，唯独对爱不设防，所以销售员对客户要做到无私付出，为他付出，客户会因此而感动，最终成为你的客户。很多销售不愿意付出，事实上付出能够带来心灵的愉悦，而且能快速提高你的业绩，付出就有回报。

如果你卖的是房子，你要相信你给客户的是一个美好温馨的家；如果你卖的是保健品，你要相信你给客户的是一份健康；如果你卖的是化妆品，你要相信你成全了客户的爱美之心和永葆青春的秘密；如果你卖的是奶粉，你要相信你给客户传递了一份妈妈的爱，成全了妈妈对孩子的爱心；销售就是在传递爱，让客户变得更美好。

一个销售员最大的收获不是你的业绩增长了多少，收入增长了多少倍，而是你又多了一个信任你的客户，你又多了一个相信你的朋友，你又帮助你的朋友解决了烦恼和问题。

销售员最大的敌人不是你的产品不好，不是公司不好，不是对手不好，更不是产品价格太高，而是你自己，所以把自己变得更好一点，把自己变得更自信一点，不要抱怨，多一些正能量，多一些真诚，多一些爱心，用心对客户，客户也会跟你交心。

在销售的过程中我们要以真诚待人，少些套路，少些技巧，把客户当作自己的好朋友，真心实意地为客户提供优质的产品和服务，把客户的事情当成自己的事情，急他人之所急，销售之前先做人，这样的销售员才是真正领悟到销售的要领。

如果你足够爱公司，你就应该把销售做得好一点；如果你足够爱老板，你也应该把销售做得好一点；如果你足够爱父母，你就应该把销售做得好一点；如果你足够爱子女，想让他们以后过上更好的生活，你就应该把销售做得好一点；如果你爱你的行业，你也应该把销售做得好一点。所以，要想把销售做好，不只是拼销售能力，而是你的心中应该有一份足够的爱。

我们要用全身心的爱来迎接今天。

希望读了《销售战神》这本书的朋友，能够让你们都成为销售战神，成交更多的订单。

读书笔记

读书笔记

读书笔记

好书是俊杰之士的心血，智读汇为您精选上品好书

习惯陷阱

习惯比天性更顽固，要想登顶成功者殿堂，你必须更强！这是一本打赢习惯改造战争亲历者的笔记实录和探索心语。

赋能领导者

狮虎搏斗，揭示领导力与引导技术之间鲜为人知的秘密。9个关键时刻及大量热门引导工具，助你打造高效团队以达成共同目标。

秒懂逻辑

从逻辑的起点，到形式逻辑的三大基本规律和基本推理，再到19种逻辑谬误等概念浅近直白地呈现出来。

向3M学创新

这是一本向3M光辉创新历史致敬的书，本书是对创新理论的再认识，也是对企业发展基础再思考的过程。

阿米巴经营领先之道

本书是一位阿米巴经营顾问的感悟，一本中国企业阿米巴经营落地教材，打开阿米巴经营的金钥匙。

企业基因图

这本《企业基因图》揭示了创业者是否具有做老板的基因，经营企业的奥秘，至少让你少走五年的弯路。

创新领导力

本书每章按理论、典型人物、工具介绍和实践的逻辑结构展开。是每一个有志成为创新领导者的读者案头的工具书。

绩效合伙人

雇佣时代已去，合伙时代来临。本书以绩效激励和股权激励为中心，打造真正适合中国国情的企业"事业合伙人"组织。

新零售革命

本书以"新人类"的角度，分析"新人类"对产品、场景、渠道、品牌的需求变化，来重新理解零售。

更多好书 >>

智读汇淘宝店　　智读汇微店

让我们一起读书吧，智读汇邀您呈现精彩好笔记

—智读汇一起读书俱乐部读书笔记征稿启事—

亲爱的书友：

感谢您对智读汇及智读汇·名师书苑签约作者的支持和鼓励，很高兴与您在书海中相遇。我们倡导学以致用、知行合一，特别打造一起读书，推出互联网时代学习与成长群。通过从读书到微课分享到线下课程与入企辅导等全方位、立体化的尊贵服务，助您突破阅读、卓越成长！

书 好书是俊杰之士的心血，智读汇为您精选上品好书。

课 首创图书售后服务，关注公众号、加入读者社群即可收听/收看作者精彩微课还有线上读书活动，聆听作者与书友互动分享。

社群 圣贤曰："物以类聚，人以群分。"这是购买、阅读好书的书友专享社群，以书会友，无限可能。

在此，我们诚挚地向您发出邀请： 请您将本书的读书笔记发给我们。

同时，如果您还有珍藏的好书，并为之记录读书心得与感悟；如果你在阅读的旅程中也有一份感动与收获；如果你也和我们一样，与书为友、与书为伴……欢迎您和我们一起，为更多书友呈现精彩的读书笔记。

笔记要求： 经管、社科或人文类图书原创读书笔记，字数2000字以上。

一起读书进社群、读书笔记投稿微信：15921181308

读书笔记被"智读汇"公众号选用即回馈精美图书1本（包邮）。

——智读汇系列精品图书诚征优质书稿——

智读汇云学习生态出版中心是以"内容+"为核心理念的教育图书出版和传播平台，与出版社及社会各界强强联手，整合一流的内容资源，多年来在业内享有良好的信誉和口碑。本出版中心是《培训》杂志理事单位，及众多培训机构、讲师平台、商会和行业协会图书出版支持单位。

向致力于为中国企业发展奉献智慧，提供培训与咨询的**培训师、咨询师、优秀的创业型企业、企业家和社会各界名流**诚征优质书稿和全媒体出版计划，同时承接讲师课程价值塑造与企业品牌形象的**视频微课、音像光盘、微电影、电视讲座、创业史纪录片、动画宣传**等。

出版咨询：13816981508，15921181308（兼微信）

— 智读汇书苑 088 —
关注回复088 **试读本** 抢先看

● 更多精彩好课内容请登录 智读汇网：www.zduhui.com